呂思勉 著

呂思勉手稿珍本叢刊

中國古代史札錄

32

生計

地權

第三十二册目録

生计

生計提要

「生計」一包札録，内分兩札，大部分是吕先生從《金史》《宋史》《明史》等史籍上摘出的資料，也有一些是讀《吾學録》等書籍及報刊雜誌的筆記。

吕先生的札録，或在紙角、天頭寫有類别名稱，如「生計」「借貸」等，或在右側寫有題頭。資料多係史籍原文的節録，並記録篇名卷第，如第十五頁録《宋書》原文注見「四二一4上」「五七7下」（即卷四二第四頁正面、卷五七第七頁反面）；未録原文的，也在題頭下記下史書頁碼，如第十四頁「宋一石當元七斗，元九三4下」（即《元史》卷九三第四頁反面）。札録中也有幾頁加有先生的按語，如第八頁録《宋史·神宗紀》「十年二月『詔諸州歲以十一月給老疾貧乏者粟，盡三月乃止』」，加按「河東提早一個月，見《食貨志》」。第二札中的《宋書》《齊書》《梁書》和《南史》的資料，摘録時已做過文字上的比對，並用紅筆標出異同。

「生計」一包，内有剪報資料，此次整理未予收録；札録的手稿部分，均按原樣影印刊出。

借貸利息契券

周官小宰八成六曰聽取予以書契　疏云此謂於官直貸而不出子者故云取予　又謂若泉府云凡賒者祭祀無過旬日喪紀不過三月及旅師云春頒秋斂賒取官物得直無生利之事

（小宰有）四曰聽稱責以傅別　司農云稱責謂貸子　疏謂地官泉府凡民之貸者以國服為之息者近郊民貸則一年十一生利之類是傅別謂券書也聽訟責者以券書決之傅著約束於文書別〻為兩〻家各得其一也　傅別故書作傅辨鄭大夫讀為符別杜子春讀為傅別　疏謂為大手書於一札中字別之

朝士凡有責者有判書以治則聽　注判半分而合者故書判為

辯鄭司農云謂若今辯訟有券書者爲治之辨讀爲别謂别券也

玄謂古者出責之息亦爲其國服與　疏並推之載師近郊十一

等

善舉

今稱慈善事業

古為政治之一部分　宋書禮志、漢安帝元初四年詔曰。月令仲秋養衰老。授几杖。行糜粥。方今八月按比。今時郡縣多不奉行。雖有糜粥。糠秕泥土相和。半不可飲食。按此詔。漢時猶依月令施政事也。然則宋時此等政事無復存焉者矣　案後漢光武建武六年。詔郡國有穀者。給稟高年鰥寡孤獨及篤癃無家屬貧不能自存者。如律。雖無穀處不克盡行。而律固在。章帝元和三年。詔嬰兒無父母親屬及有子不能養食者。稟給如律。亦同。三國魏志武帝帝紀注引魏書建安二十三年魏王令吏民男女年七十已上無夫子。若年十二以下無父母兄弟。及目無所見。手不能作。足不能行。而無妻子父兄產業者。廩食終身。幼者至十二止。不[illegible]知律者非律所有蓋真衰矣。待養者多也

世愈降。社會組織之畸形愈甚。待救濟者愈多。而其不能救濟愈甚。於是相沿救濟之政。愈趨愈壞。雖有法律亦成具文

其後乃藉佛教而稍有存焉。南史文惠太子傳云。太子與竟陵王子良俱好釋氏。立六疾館以養窮民。則其事也。舊唐書武宗紀會昌五年十一月甲辰敕。悲田養病坊。緣僧尼還俗。無人主持。恐殘疾無以取給。兩京量給寺田振濟。諸州府七頃至十頃。各於本管選耆壽一人勾當。以充粥料。新書食貨志云。開元悲田養病坊給

寺田十頃諸州七[redacted]頃至以者寡足見佛教未廢時其定有拯救貧病之事矣武宗雖許給田以瞻其事而時直衰亂未必卓行枝至宋世善舉之規制乃宏也宋代善舉承唐括段廣至徽宗時乃整理之成居養院安濟坊漏澤園三者見宋史食貨志振恤門然和慈幼局等出於其外者尚不乏也

元史食貨志振恤分救荒、回免、災免、鰥寡孤獨振貸之制、水旱疫癘振貸之制、京師振糶之制（元史六一一廿）

其刑法志戶婚部鰥寡孤[redacted]獨老幼殘疾窮而無告者於養濟院收養應收養而不收養不應收養而收養者罪其守宰按察官常

紂繇之以（卯三8上）　孤父母在外餘異居父母因之不共子職及同
宗有服之親鰥寡孤獨老弱殘疾不能自存無食養濟院不收
養者杖六十議其宛親族亦貧不能給者許養濟院收錄（8下）　蓋明養
濟院承元舊制
明史食貨志　太祖設養濟院收無告者月給糧設漏澤園葬貧
民天下府州縣立義冢（四七上）　蓋三祖仁宣時仁政亟行之之
且令富人蠲佃戶租大戶貸[redacted]民免其雜役爲息豐年償之之
建官舍以處流民給糧以收棄嬰養濟院窮民各注籍無籍者收
養蠟燭旛竿二寺（四七下）
清會典有養濟院[redacted]　通都大邑設普濟堂　直省亦有焉

置　各地方置義冢　皆見會典　五城各設棲流所收卹無依流民及街衢
臥病者給其衣食醫藥　又於冬季煮粥振濟五城各設之廠　以
上見吾學錄二　147下——177下
經費不外出全出私家捐輸不外不動用公款〃〃〃〃不外無
限則救濟不外無額所及實極有限
民國十七年五月內政部擬救濟院條例草案(一)省會(二)特別市
(三)各縣市政府所在地皆設救濟院各縣以區鄉鎮人口較繁處
亦得酌量設立　六所曰卹老曰孤兒曰殘廢曰育嬰曰施醫曰
因利貸款酌緩急設　基金由各地方自行籌募　原有官公立之
此等事業隸於今院改名為救濟院私立者受監督　經費有三(一)基金

材真(二)臨時措款(三)補助金

宋史神宗紀熙[redacted]寧十年二月詔諸州歲以十一月給老疾貧乏者粟盡三月乃止(十五7下)按河東提舉一个月見食貨志

徽宗紀崇寧元年八月置安濟坊養民之貧病者仍令諸郡縣並置(十九4上)

九月京師置居養院以處鰥寡孤獨仍以戶絕財產給養(十九4上)

高宗紀紹興十四年十二月命諸郡收養老疾貧乏之民復置漏澤園葬死而無歸者(卅2上)

寧宗紀嘉定元年正月詔兩浙淮南江東路荒歉諸州收養遺棄

宋史（四七上）
嘉泰三年十一月復置福田居養院命諸路提舉常平司主之（四八上）
職官志戶部右曹分案六曰常平掌常平農田水利及義倉振濟戶絕田產居養鰥寡孤獨之事
理宗紀淳祐九年正月詔給官田五百畝命臨安府創慈幼局收養道路遺棄初生嬰兒仍置藥局療貧民疾病（四三上）
趙汝愚創養濟院（列二上） 其孫必愿知台州修之（列十三上）
劉宰在邑寺作[illegible]（[illegible]下）
陳居仁知鄂州、、郭安樂寮以處貧病之民撥官田給之（四〇六上）
（北上）

常楙知廣德軍……立慈幼局（四卅下）改浙東安撫使……兩州及會稽山陰死而暴露者衆而無以為斂者乃以十萬楮買普惠庫取息生積以給之（同上）

黃震知台州為廣糴倉為抵當庫葬民之棄寄暴露者為棺千五百買養濟院又創安濟坊以居病囚皆自有子本錢使不廢（四卅三下）（同上）

趙子蕭知處州……創義塚建養濟院（四卅九上）

黃震常平有慈幼局久而名存實亡改立其法（四卅八下）

金世宗紀大定十六年十二月詔所流移人老病者官與養濟（七）

也

金章宗紀明昌四年十二月諭大興府於援濟院日給米五石以
贍貧者（十八下）
承安二年十月甲午大雪以米千石賜普濟院令為粥以食平民
（十四下）
四年十月敕京府州縣設普濟院每歲十月至明年四月設粥以
食貧民（十一上）
泰和五年三月命給米諸寺自十月十五日至次年五月十五日
作糜以食貧民（十二下）
宣宗紀興定二年十二月上諭旨有司凍餓死於和糴之際者
陵之給以棺衣所不令居樵牧所（十五下）

三年十月令五司辛開倉給薪米以濟貧民期明年二月終俟時平則罷之以為常（廿五紀）

至天壽節賑老疾貧民鈔兩（五八紀）

元世祖紀至元八年正月敕諸路鰥寡孤獨疾病不能自存者官給廬舍薪米（七紀）

仁宗紀延祐六年十二月敕上都大都冬夜設食於路以食饑者（廿六紀）

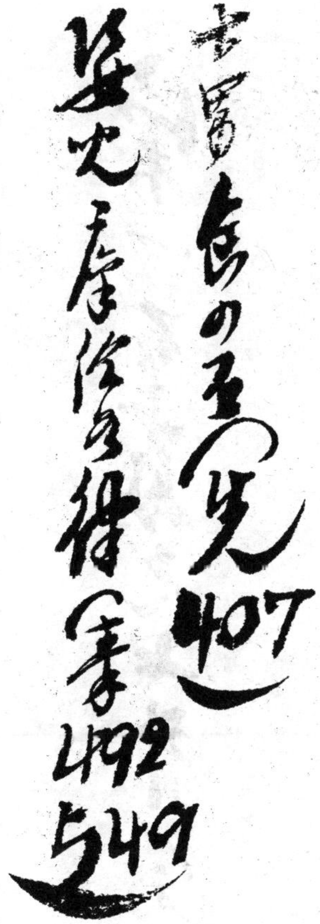
407
492
549

第一百號之七計完九五也

生計（續）

宋書王弘傳：父珣頗好積聚，財物布在民間〔人〕。珣薨〔及〕，弘悉燔燒券書，一不收責，餘舊業悉以委付諸弟。（一三一二）南史並收

宋書蔡興宗傳：……會稽太守。……會土全實，民物殷阜，王公妃主，邸舍相望，撓亂在所，大為民患，子息滋長，督責無窮。興宗皆以法繩之。又陳原諸逋負，解遣雜役，並見從。（一五七八）明帝時

又顧覬之傳：五子：約、緝、綽、縝、緄。綽私財甚豐，鄉里士庶多負其責。覬之每禁之，不能止。及後為吳郡，誘綽曰：我常不許汝出責，定思貧薄亦不可居。民間與汝交關，有幾許不盡，及我在郡，為汝督之。將來豈可得。凡諸券書皆何在。綽大喜，悉出諸文券一大

廚傳觀之。……先焚燒，宣語遠近。免三郎責。皆不預還。凡券書

先燒之。緯慨歎稱曰。（八一 北）

高官當理之，傳理之搖足羅宗，理之死。當時之。檢家無資。惟有質

錢帖子數百。（四二 北 2 南史）

孫悅祖傳，父慶緒。永明中為梁州刺史。……父梁州之資家財

千萬，散與宗族。……料臨文時，儁貴子疏，路勝子紘白。儁有自

舊見遺。揣平生所言許。無大契之。（四二上）

梁武帝弟傳，天監之初……遷……丹陽尹。……主郎首富婦。年久。

指之。業傳以飲藥。改葬而家。以墓道之忠。題其墓。以傳錢備盧。四十

一（2七 三 9七 南史）

梁書處士傳庾詵：鄰人有被誣為盜者，被劾妻款，詵矜之，乃以書質錢二萬，令門生詐為其親，代之酬備。（五一，又見南史七六）

[redacted]

南史宋本紀：帝素貧。時人莫能知，惟琅邪王謐獨深敬焉。帝嘗負刁逵社錢三萬，經時無以還，被逵執。謐以己錢代償，由是得釋。（一上）

又晉書閻纘傳：初，東閤府錄事參軍劉齊徽，負官人責將百萬，為責主所制，未得俱還。纘聞與齊徽共事不厚，而庇中凡有馬六十疋，悉以乞齊徽償責。其意趣不常如是。纘閤為義州刺史（四八上）

生計（貨幣）

南史謝弘微傳言弘儉之事。嘗一日無食，其子啟欲以班史賣錢。答曰：寧餓死，豈可以此充食乎。（卅二上）

又褚彥回傳：……家無餘財，負責數十萬。（卅八上）

又彥回從父弟炫，昇明之末為吏部尚書。炫居身清正，非其閒不雜交游。論者以為美。及在選部，門庭蕭索，賓客罕至。出行，左右常捧一黃紙帽箱，風吹紙剝殆盡。罷江夏郡還，得錢十七萬，於石頭并分與親族。病無以市藥，以冠劍為質。（卅八上）

又陸澄傳：揚州主簿顧測以兩奴就陸鮮質錢，鮮死，子暉誣為賣券。澄為中丞，測遂為澄所抑。世以此少之。（四八上）

又梁宗室傳：長沙宣武王懿子朋，記室庾丹，以出諸見害。……丹

生計（質貸）

又景休……初為休範巴東郡，頗有資產，并多錢穀百萬。責以填門。景休無不為之償。既而朝賀之，并不之景休。景休悅，乃進

、可還之。」（同上）

南史循吏傳甄法崇孫彬嘗以一束苧就州長沙寺庫質錢。後贖苧還。於苧束中得五兩金，以手巾裹之。彬得，送還寺庫。道人驚云：「近有人以此金質錢，時有事不得舉而失。檀越乃能見還。」輒以金半仰酬。往復十餘，彬堅然不受……」（同上）

質錢帖。通鑑東昏侯遂收蕭坦之從兄翼宗，檢其家，唯有質錢帖數百。注：質錢帖者，以物質錢，錢主給帖與之，以為照驗，他日出子本錢收贖。（齊東昏侯永元元年）（四九九年）

當舖起宋僧寺。說文句讀貝部贅：今之當鋪起於宋之僧寺，其事則自古有之。學生雜志十七卷五冊呂誠之著

屬責。周官朝士：凡屬責者，以其地傅而聽其辭。注：屬責，轉責，使人歸之，而本主死亡，歸受之，數相抵冒者也。以其地之人相比近，能爲證者來，乃受其辭爲治之。疏云：謂有人取他責，乃別轉與人，使子本依契而還財主。死亡者，謂責者或死亡也。受責之人，見財主者死亡，則詐言已受財也。是以文云數相抵冒也。

地权

地權提要

「地權」一包札録，内分五札，其中第一札又分三小札。這包札録，大部分是吕先生從《史記》《漢書》《元史》《明史》和《清史稿》等史籍中摘出的資料，也有部分是讀《困學紀聞》《社會科學史綱》《近世政治思想史》等書籍及報刊雜誌的筆記。

吕先生的札録，有些在天頭或紙角上寫有類别名稱，如「生計」「地權」「賦」等，有些也寫題頭。資料多係史籍原文的節録或剪貼，未録原文的，也在題頭下記録資料的出處。如第一八五頁「古代經濟組織，可見《吕覽·上農》」，「生計之進化，見《淮南·本經》」等。第二一頁「金人末年之侈」注見「四四1上」和「八8下」（即《金史》卷四四第一頁正面和卷八第八頁反面）。第一八一頁所注，係先生著作《秦漢史》的頁碼。札録中也有一些先生的按語，如第五八頁録《晉書·鄧攸傳》的資料，「案：伯道而亦能爲廉，可見矯僞者之多也」。其他如第一六七、二二五、二四七頁等，都有長短不一的按語。

「地權」一包，也有一些剪報資料，此次整理只收録了其中一小部分；札録的手稿部分，均按原樣影印刊出。

今人常年之俗

從來有土之民，無勝於淺土之民，全之與

也。其計口之家較轅……蓋農力其作固由所

謂之畝，當其實施，亦由其地殊產「無事苦耕

可給，亦合有事，其餘可轉售，獲」の上 古志（の）所述，宜

自其家以養「家之家，兼及鄉黨，無所不備」（大宗經費三號）安全

言「國有風俗，價值與家，將於化，現今全實家長

據宣宗羊邸」十七年（八號）此字化甚完之二 其其且出其之對方……可

知乃自匈(?)奴入中國以後而其風氣轉變，則於是

諸夷之既懂(?)治生務一家百口既無一畝而其餘守

[illegible]開化之甚少[illegible]生處女陳嗣村(?)[illegible]於其夷狄之年上

者之[illegible]自其出生以來一[illegible]一類[illegible]出[illegible]中[illegible]於於

[illegible]九經(?)則[illegible]劃正除(?)寶帝斗其而

繼我之甚其手握大權之日撤入邊遊[illegible]者而不

遺口無一家族自隨[illegible]母弟務治之爲城郭

模[illegible]爲操擇其日益清和之任傳於[illegible]月序與劉

將軍從以安本足遊[illegible]故不[illegible]食繼其子孫[illegible]

[redacted]完、頭伊德一人自己有田以支持代
食人者也，爲宋之所以創亡者至多，寡案史
法宗地法籍其實其實初期所業申日，所有宅之福—
求者也（宋張所）其子陳觀所千隱[redacted]又莫，此
其後相續爲之形之字
三國之際上下、、每該之朱紀初不知其日所為
人與之凸籍戶籍之律，國民之下大臣兩計の商—
平據之山（生也訟故）此非如之撮一次自苦其宋傳寫亡
其所也，抑該可萬事國其用物也，度名支其取植也

易象非上下合爲[redacted]亦氣形之卦

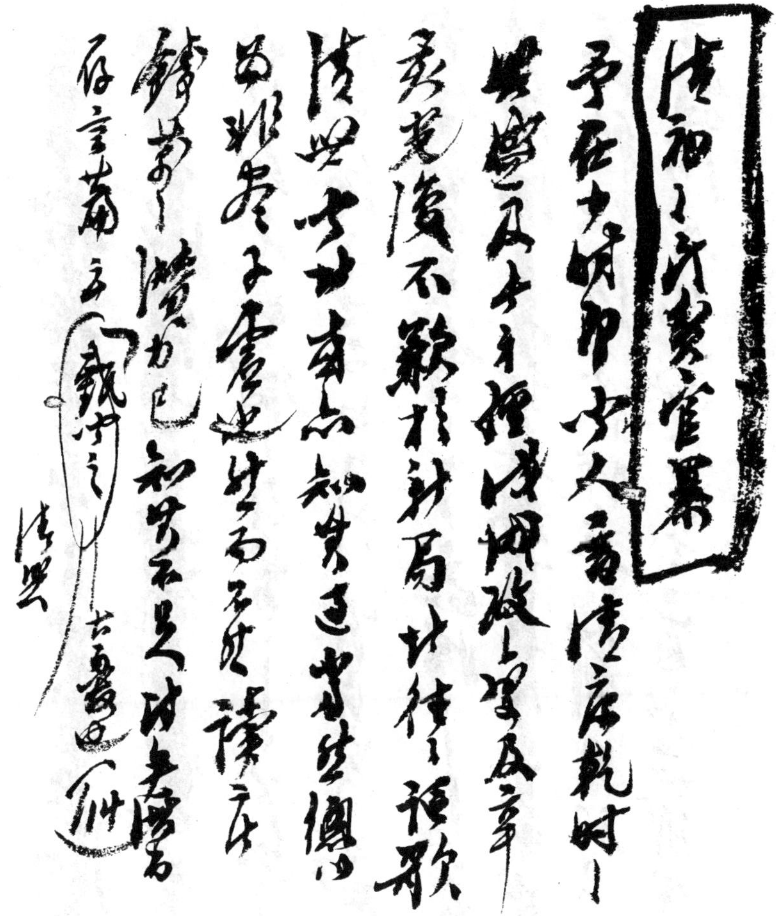

[illegible]

[illegible]也其故有

郭序氏之所以徵之存者之以擬之之道也

（仙）迺之卿之為之所以外　首或其兼為之天下之

大宮叢書會之之六情之　蓋道（仙）

然則情[illegible]異之

古樂歌詠情（字或作）非無知則又利害因之矣

而精清世事　世之之之主盲人世事冊一可行

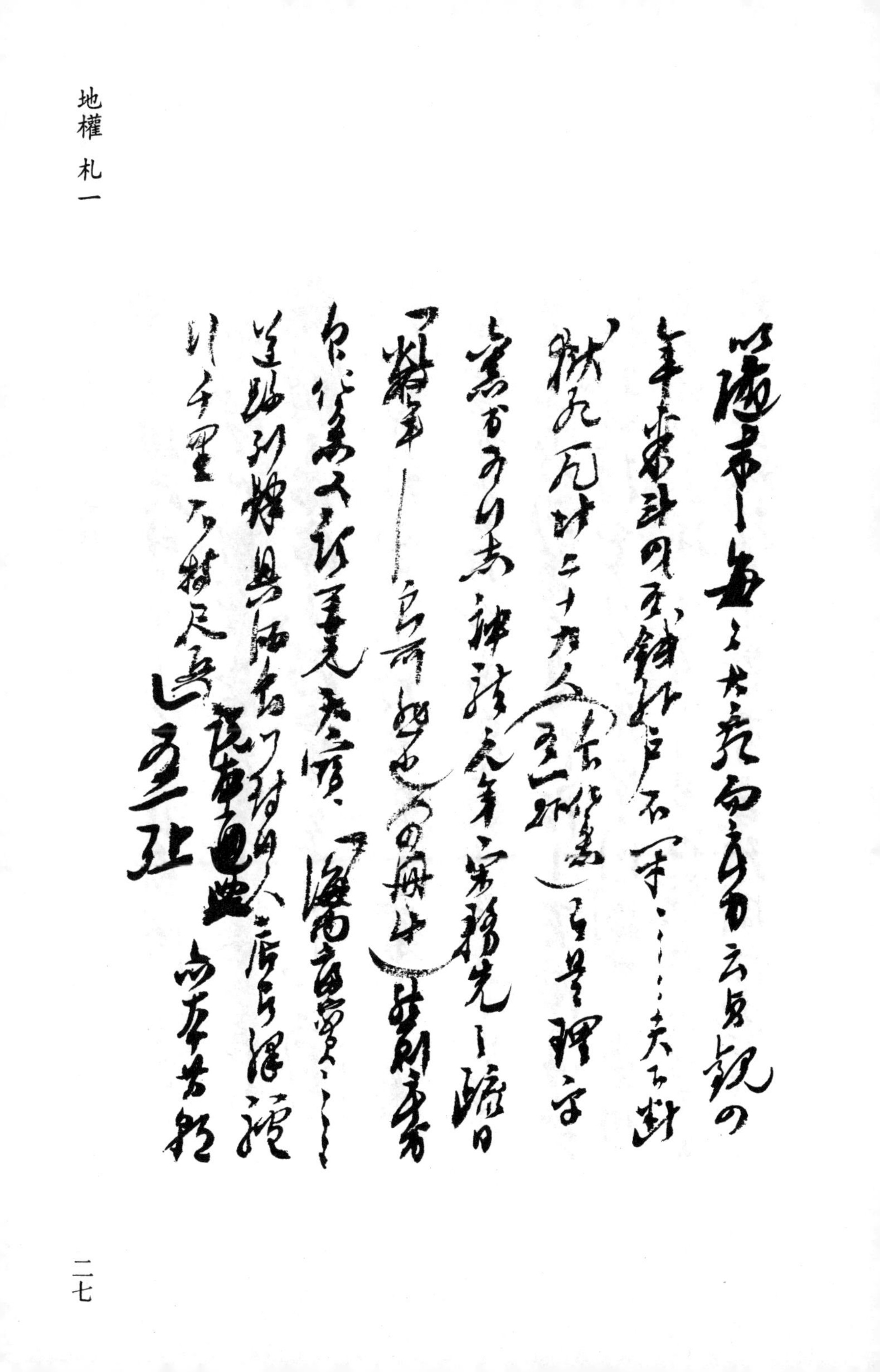

[illegible]

布之一匹，是人廿二之一斤，其制準今之之

異之數曰[illegible]

疑[illegible]之錢，[illegible]之錢，當

雖實異於不可，可校其[illegible]之[illegible]之滿

論而不可信，而其六國之錢之[illegible]

古來[illegible]用黃金，任[illegible]之百[illegible]之[illegible]

特把其擅為[illegible]，令[illegible]守之間，當其[illegible]思[illegible]而

而要其本乎？[illegible]之[illegible]其所[illegible]，[illegible]而[illegible]不也

[illegible]是之道之錢，[illegible]其[illegible]書[illegible]錢[illegible]陌，税以字十八

清史稿循吏傳廖冀亨〔康熙〕……四十七年。
授江蘇吴縣知縣。……蒞任時，有吴八郎〻白。吴
縣健訟，號稱難治……人，兩衙一飯。時稱神捷，凡訟宜
少準，速決。更加二字曰：後寬。冀亨懷於文
循吏傳
一
一
以下

分代

吴之富息

富者之居林傳蕭蕭——用林(孔16)財物之豬

吴人多矣，尤其可見吴日縣，至濮陽逸(前)……家貲

所發(孔紀)此後其財之人(所紀可見吴之財物者)

知其後之，雖不以他賦，未必獨而盡，年正千二百

條氏者因此財穿　吏(苦蒲惠)再傳(孔8)此亦信

其所取財悉是吴而已也

函毋 [redacted]

~~東甫~~

請英轄頒照付。康熙二十年戶部調查

係元文新頒照。琉球借用庫銀十六萬兩

堪取具。侵占民利。追收軍餉捐銀十

五萬。皆起[?]舒勝召宜否由開[?]極圖

此係將新設中國黑國之下以兩日得千人舞台灣史之均

皆照康熙十七年十月台[?]山國府

擬講好精貴不[?]與照貝[?]諸外有賞

可開是開新第替日本承東理地府勢皆

借歸爲之遂買此疏未嘗無久且自
力壯至卯未至庶業尚可另指銀千五萬字亦
此書山行出能得七月將積術資算作
謝江祖存發價及敍例借見擇年中月可
頌兮此因於十七年七月至省之接錯者顧曰
然精出毛無發備傚記固指其後數日復
有遂擬千楔那多級秋會今笑自有攜陳至任
夜時見子女年已長大且此暇史無女傳叔

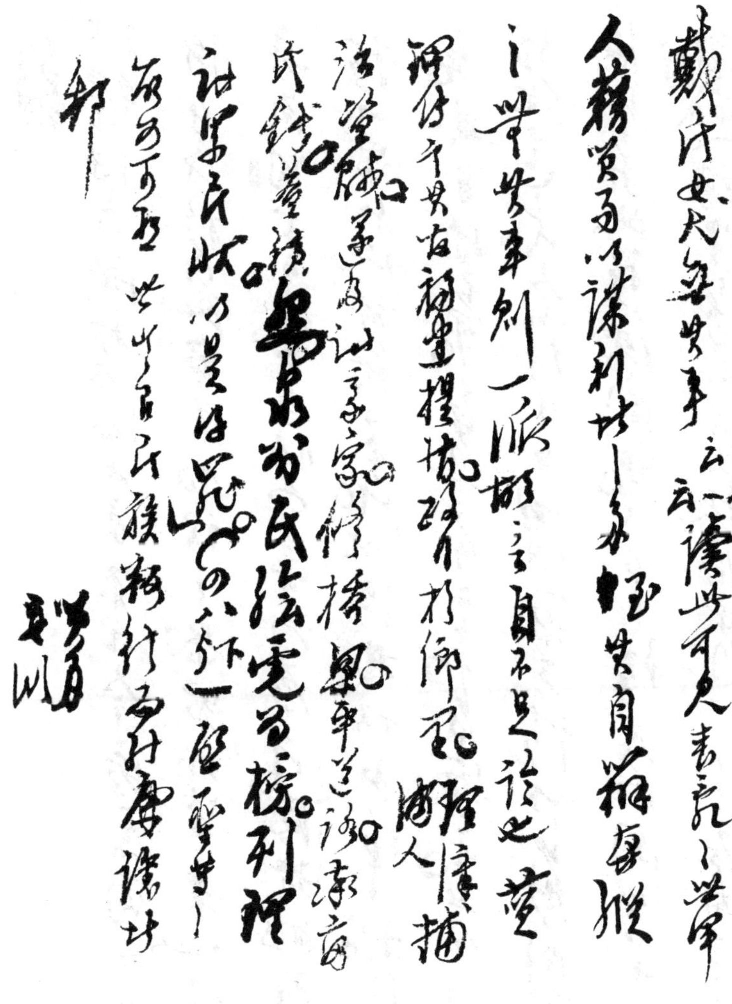

如右
但歷詳
論海界

杜臻傳云：閩初以海上有事，下令遷東南之省沿
海之民於內地，畫界，謂之禁。界外皆棄地，流民
無所歸。及臻之至也，會同廣東閩督撫，招徠復業，
請以界外地撥還其地，復業者蠲其賦，利給牛種，
免其目前之苦。康熙二十二年，臺灣平，上令以宋
棄地還民。會給事中傅感丁請以蘇閩粵濱
海界外地撥還閩粵。乃命臻及內閣學士席柱
往福建、廣東察視展界。……廣東邊遷之民之

萬八千餘二頃。（係第十區三萬一千三百。）……填建……墾地二萬一千
一十八頃。（係第十六區之第八區）就是兩省濱海居民，固得復業。
別遷徙安頓，河南、浙江居民復業，風帆畢集。
陳海每歲皆運鹽。府桂總兵奏請濱海居民遷
以安無業也。而我漁業家海濱，可出海捕魚。
即無知其故，前此何以不准議遷（行），懼其居者
因計民生日蹙，若其合，經藏利，出海貿易，而京
當對總。凡稽出海貿易來者，可行此外經指以控

自閩射利便路也，至直隸不過數日，之自利經
甚至亦明知之矣。然則欲取之，莫如因其民
生育舍郡，以練在閩之精兵，自可必成軍也
諸民生海，通舌之外卒

秦毅仁棣如

[illegible]

[illegible]

請交積至四萬時應照通 請予「閩廣江西衛

廣等省支東。撥發收用。使其常利。

並指積蓄下。依勤積行。實驗蘇禁。」

弟士元

生計

宋書禮志。漢安帝元初四年。詔曰。月令。仲秋養衰老。授几杖。行糜鬻。方今八月按比之時。郡縣多不奉行。雖有糜鬻。糠秕泥土相和半。不可飲食。按此詔。漢時猶循月令施政事也。宋志上

夫力　夫日　夫價　夫直　夫課

宋書孝義傳郭世道子原平性閑木功，傭賃以給供養。性謙虛，每為人作匠，取散夫價。又云：……以為奉終之義，情禮所畢，營壙凶功，不欲假人。本雖智巧，而不解作墓，乃訪邑中有營墓者，助人運力，經時展勤，久乃閑練。又自賣十夫，以供眾費……葬畢，詣所買主，執役無懈，與諸奴分務，每讓逸取勞，主人不忍使，每遣之。原平服勤，未曾暫替，所餘私夫，傭賃養母，有餘聚以自贖。本性智巧，既學構冢，尤善其事。每至吉歲，求者盈門。原平所赴，必自貧始。既取賤價，又以夫日助之。（卷九一，頁七二一上）七三〇上　摘要

吳逵經荒飢饉，係以疾疫，父母兄弟嫂及群從小功之親男女死者十三人。逵時病困，隣里以葦

虜衆之。懼於都側，促而遣焉。乃殺祝虜，皆盡。挂遣夫壽護金家後

壁立。冬無被絝。晝則庸賃，夜則伐木燒炭。……期年中，成七八萬

十二檐。鄰里嘉其出義，莫日寒，出赴助。……遣時逆取鄰人夫直。

葬畢。鄰以餽故，一無所受。皆傭力報答焉。（孫子上）丐彭少喪母。

元嘉初，父又亡。家貧力弱，無以營葬。兄弟二人，晝則傭，夜則鬻

感。鄉里並哀之。乃各出夫力助作[redacted]墳。（孫棘上）自賣子田子。

[redacted]世祖出鎮歷陽，行參征虜軍事。[redacted]時營

創城府，功課嚴。亮又陳之紀……基業既廣，夫課又嚴，不計其勞。

苟務其速。以歲月之事，求不日之成。時見役人，未能土作，聞鼓乃

休。且課既多，程有不遂，至於息日，拘備闕限，方涉暑雨，多有死病。

頃日所函。亦頗有此意。竊推此次內藩。事隸外鎮。撫綏之宜。無繫

早晚。若得[redacted]少寬其工課。稍均其優劣。徒隸厭苦。易以悅加。考其

卒功。廢新年祭。——（百卌止）

南失者新任冥達之對其人也。揆之天年以算。自東百十大家。以營

家樣。此（七三止）

傳（五五止）廣方孝羲

生計

何曾之侈。晉書本傳（卅三 5上至6上）

石崇王愷羊琇。晉書石苞傳（卅三 9上至10上）

晉書羊祜傳：祜立身清儉，被服率素，祿俸所資，皆以贍給九族，賞賜軍士，家無餘財。（卅四 4上）

又杜預傳：時王濟解相馬，又甚愛之，而和嶠頗聚斂，預常稱濟有馬癖，嶠有錢癖。……預在鎮，數餉遺洛中[redacted]貴要。或問其故，預曰：吾但恐為害，不求益也。（卅四 9上）

又義陽成王望傳（安平獻王子）望性儉吝，而好聚斂，身亡之後，金帛盈溢，以此獲譏。（卅七 7下）

孫奇 奇亦好畜聚，不知紀極，遣三部使

到文廣高傳。為有司所奏。大康九年。詔貶為三縣侯。學孫
竟陵王楙。汝南王亮免其官。遣就國。楙遂殖財貨。奢僭踰制。徑
晉書高密文獻王泰。宣帝弟東武城侯馗子。泰性廉靜。不近聲色。雖為宰
輔。食大國之租。服飾肴膳。如布衣之士。任真簡率。每朝會。不識
者不知其王公也。……當時稱之。惟泰及下邳王晃以節
制見稱。雖並不能振施。芳緣莫同時焉。世先行
泰子新蔡武
哀王騰鎮鄴。以師旅與……汲桑等為亂……與汲桑故將
李豐等將攻鄴。……豐等至。騰不能守。率輕騎而走。為豐所害。
……初鄴中雖府庫虛竭。而騰資用甚饒。性儉嗇。無所振惠。臨
急。乃賜將士米可數升。帛各丈尺。是以人不為用。遂致於禍。注

晉書文六王傳：齊王攸奏議曰：都邑之內，游食滋多，巧伎末業，服飾奢麗，富人兼美，猶有魏之遺弊，染化日淺，靡財害穀，動復萬計。……宜申明舊法，必禁絕之。

又賈充傳：謐負其驕寵，奢侈踰度，室宇崇僭，器服珍麗，歌僮舞女，選極一時。開閣延賓，海內輻湊，貴游豪戚及浮競之徒，莫不盡禮事之。（下略）　充從子模，貪冒聚斂，富擬王者。（下略）

又劉寔傳：寔少貧窶，杖策徒行，每所憩止，不累主人，薪水之事，皆自營給。及位望通顯，每崇儉素，不尚華麗。嘗詣石崇家，如廁，見有絳紋帳，裀褥甚麗，兩婢持香囊。寔便退，笑謂崇曰：誤入卿內。崇曰：是廁耳。寔曰：貧士未嘗得此。乃更如他廁。雖處榮寵，居身

而宅。所以借稱。躋郵就故。至址

王渾傳子濟附。豪侈。麗膳玉食。時洛京地甚貴。濟買地爲馬埒。編錢滿之。時人號爲金溝。王愷以帝舅奢豪。有牛名八百里駮。常瑩其蹄角。濟請以錢千萬與牛對射而賭之。愷亦自恃其能。令濟先射。一發破的。因據胡牀。叱左右。速探牛心來。須臾而至。一割便去。和嶠性至儉。家有好李。帝求之。不過數十。濟候其上直。率少年詣園共噉。畢。伐樹而去。帝嘗幸其宅。供饌甚豐。悉貯琉璃器中。蒸肫甚美。帝問其故。答曰。以人乳蒸之。帝色甚不平。食未畢而去。……帝嘗謂和嶠曰。我將罵濟而後官之。何如。嶠曰。濟俊爽。恐不可屈。帝因召濟。切讓之。既而曰。知愧否。濟答曰。尺

本斗筲之器。常為陛下取之。他人持令杖疏。且不於便殺之。以此抵陛下罪。本黥死。本嘗與同宴飲。而語皓生側。語皓曰。同以將剝人面皮。皓白。又誅樓玄剝之。傳付保師局下。而皓擲之。（同上注）

晉書王濬傳。濬平吳之後。以勳高位重。不復素業自居。乃玉食錦服。縱奢侈以自逸。（同上注）

又唐彬傳。益州東接吳寇。監軍位缺。朝議用武陵太守楊宗及彬。武帝以問散騎常侍文立。立曰。宗彬俱不可失。然彬多財欲。而宗好酒。惟陛下裁之。帝曰。財欲可足。酒者難改。遂用彬。（同上注）

又山濤傳。及居榮貴。貞慎儉約。雖爵同千乘。而無嬪媵。祿賜俸秩。

散之親故。（同上延）
晉書王戎傳：父渾，涼州刺史。……渾卒於涼州，故吏賻贈數百萬。
戎辭而不受，由是顯名。（同上特）性好興利，廣收八方園田水碓，
周徧天下。積實聚錢，不知紀極，每自執牙籌，晝夜算計，恒若不足。
而又儉嗇，不自奉養，天下人謂之膏肓之疾。女適裴頠，貸錢數
萬，久而未還。女後歸寧，戎色不悅，女遽還直，然後乃歡。從子將
婚，戎遺其一單衣，婚訖而更責取。家有好李，常出貨之，恐人得
種，恒鑽其核。以此獲譏於世。（同上延）　戎從弟衍，父乂，平北將軍。
送故甚厚，為親識之所借貸，因以捨之。數年之間，家資罄盡，出
就洛城西田園而居焉。……衍妻郭氏，賈后之親，藉宮中之勢，

剛愎貪戾。聚斂無厭。好干預人事。衍患之。而不能禁。時有鄉人幽州刺史李陽。京師大俠也。郭氏素憚之。衍謂郭曰。非但我言卿不可。李陽亦謂不可。郭氏爲之小損。衍疾郭之貪鄙。故口未嘗言錢。郭欲試之。令婢以錢繞牀。使不得行。衍晨起見錢。謂婢曰。舉阿堵物却。其措意如此。（四三）案衍之薄視阿堵。道所謂好名之人能讓千乘之國。戒之之言利則所謂苟非其人簞食豆羹見於色也

晉書華表傳。表子廙。廙子恒。清恪儉素。雖居顯列。常布衣蔬食。年老彌篤。死之日。家無餘財。唯有書數百卷。時人以此賢之。（四四）

又和嶠傳。嶠家產豐富。擬於王者。然性至吝。以是獲譏於世。杜預

以為嬌有錢癖。（句見上文）

晉书任愷傳：愷既失職，乃縱酒耽樂，極滋味以自奉養。初何劭以

公子奢侈，每食必盡四方珍饌。愷乃踰之，一食萬錢，猶云無可

下箸處。（句見上文）

又傅玄傳：子咸以世俗奢侈，又上书曰：……竊謂奢侈之費，甚於

天災。古者尧有茅茨，今之百姓竞豐其屋。古者臣無玉食，今之

賈竪皆厭粱肉。古者后妃乃有殊飾，今之婢妾被服綾羅。古者

大夫乃不徒行，今之賤隸乘輕驅肥。古者人稠地狭，而有儲蓄，

由於節也。今者土廣人稀，而患不足，由於奢也。欲時之儉，當詰

其奢，奢不見詰，轉相高尚。昔毛玠爲吏部尚书，時無敢好衣美

食也。魏文帝詔曰。撫之法。不如毛尚書令。使諸郡用心。不如毛玠。風俗之移。在不難矣。（見此）

晉書夏侯湛傳。湛族爲盛門。性頗豪侈。侈服玉食。窮滋極珍。將殁。遺命小棺薄斂。不修封樹。論者謂湛雖生不砥礪名節。死則儉約令終。是深達存亡之理。（見此）

又江統傳。統轉太子洗馬。……太子……奢費過度。……統上書諫曰。……竊聞後園鑄飾金銀。刻磨犀象。畫室之巧。課試日精。……秦漢以來。風俗轉薄。公侯之尊。莫不殖園圃之田。而收市井之利。漸冉相放。莫以爲恥。……今西園賣葵菜藍子雞麪之屬。虧敗國體。貶損令聞。……（見江統傳）

又

晉書羅憲傳：兄子尚，及趙廞反，拜尚。……乃假尚節，為平西將軍、益州刺史、西戎校尉。性貪少斷。蜀人言曰：……富擬魯衛，家成市里。貪如豺狼，無復極已。（五七頁）

周處傳：子札，性貪財好色，惟以業產為務。精兵……白庫中有精仗，外白以配兵，札猶惜不與，以敝者給之，其敝者多，以故士卒莫為之用。周（為會稽內史，為王敦遣軍襲殺）（五八五頁）

又劉毅傳：越書屬吏，請詣急。雖皆自稱屬，而趨使僕過。（六二九頁）

又王導傳：導曰：……自魏氏以來，迄於太康之際，公卿世族，豪侈相高，政教陵遲，不遵法度，羣公卿士，皆饜於安息，遂使姦人乘釁，有虧至道。（八五五頁）

晉書陶侃傳：媵妾數十。家僮千餘。珍奇寶貨。富於天府。(六六8上)

又紀瞻傳：厚自奉養。立宅於烏衣巷。館宇崇麗。園池竹木。有足賞翫焉。(六八6下)

又周顗傳：敦使繆坦籍顗家。收得素簏數枚。盛故絮而已。酒五甕。米數石。在位者服其清約。(六九8下)

又卞壼傳：壼廉絜儉素。居甚貧約。息當婚。詔特賜錢五十萬。固辭不受。(七十7上)

又劉超傳：處身清苦。衣不重帛。家無儋石之儲。每帝所賜。皆固辭。(又9上)

又庾亮傳：弟冰。天性清慎。常以儉約自居。中子襲。嘗貸官絹十匹。

滌無。攜之。市絹還官。臨卒。語長史江彪曰。吾將逝矣。恨報國之志不展。命也如何。又曰。斂以時服。無以寶物也。及卒。無絹為[redacted]斂。

又宗無豪勝。家無私積。世以此稱之。

晉書桓彝傳子沖。沖性儉素……嘗浴後。其妻送以新衣。沖大怒。促令持去。其妻復送之。而謂曰。衣不經新。何緣得故。沖笑而服之。

（七の64）

又王湛傳子承之子述。初述家貧。求試宛陵令。頗受贈遺。而修家具。為州司所檢。有一千三百條。王導使謂之曰。名父之子。不患無祿。屈臨小縣。甚不宜爾。述答曰。足自當止。時人未之達也。比後屢居州郡。清潔絕倫。祿賜皆散之親故。宅宇舊物。不革於昔。

始爲當時所譏。（七五四）

述子坦之：：子國寶。令從聚斂不知紀極。後房伎妾以百數。天下珍玩充溢其家。（七五六）

首者范汪傳子寧：：上疏曰：……人性無涯。奢儉由勢。今并兼之士。亦多不贍。非力不足以厚身。非禄不足以富家。是自之有由。而用之無節。蒱酒永日。馳騖卒年。一宴之饌。費過十金。麗服之美。不可貲算。盛狗馬之飾。營鄭衛之音。南畝廢而不墾。講誦闕而無聞。凡庸競馳。傲誕成俗。謂宜驗其僭濫。禁其奢爲。試其財富。然後并合。進以此匪懷家給人足。而人豈不遷蹤而至邦也

不過

而我……陸曄傳弟玩：：子納……少有清操。……廣陵相似……出爲吳

與大宗。將之謁。先為指孰藉根源。因問遇日。以請謁可能飲
幾。食同為少。遇日。主大夫餘五升便醉。自同不過十斗。卿復云
何。納曰。素不能飲。止可二升。同亦不是之言。以何遇問。謂之曰。外
有微禮。方宇違部。將乃公一醉。以展下情。遇既延納之。時至堪之
刁雍在坐。及家禮。植德一斗。麾同一樣。坐客愕然。納徐曰。明公
近之。能過三升。納止可二升。今有一斗。以備杯杓。餘瀝過及賓
客。並類其準素。更勅中廚設精饌。酣飲極權而罷。納辭部。而受
俸祿。頃之。徵拜右民尚書。領本州大中正。將應召。知自宜裝飾。
納曰。於奴婢自來。無所復須也。臨歿。止有被襆而已。其餘並
家以遺族。……謂其當時請納。而納辭無供養。其見子儀。不敢

問之。乃密為之具。安既至。納所設唯茶果而已。俶遂陳盛饌。珍羞畢具。納大怒曰。汝不能光益父叔。乃復穢我素業耶。於是杖之四十。其當時多此類。（七七之下）

晉書謝安傳。性好音樂。自弟萬喪。十年不聽音樂。及登臺輔。期喪不廢樂。王坦之書喻之。不從。衣冠效之。遂以成俗。又於土山營墅。樓館林竹甚盛。每攜中外子姪往來游集。肴饌亦屢費百金。世頗以此譏焉。而安殊不以屑意。（七九上）安弟石……聚斂無厭。取譏當世。……禮官議謚。博士范弘之議謚曰襄墨公。語在弘之傳。朝議不從。單謚曰襄。（九五）

按弘之見儒林傳。其謚議云。自頃風軌陵遲。奢僭無度。廉恥不興。利競交馳。不可不深防原本。乃絶其流。薄文藝之繁之脈。諸傳備修。帝雖頻之歎，厲精不息。良由儉德雅彰。而威禁不當。遂自紓違。而刑不及物。若存罰其遠。綜其要。則の維不步。稱難行矣。」（同一8上）

晉書劉胤傳：「……代嶠……都督江州諸軍事、江州刺史。胤位任轉高。矜豪日甚。縱酒耽樂。不恤政事。大殖財貨。商販百萬。」（同一35上）

又王恭傳：「恭性抗直。深存節義。讀左傳至奉王命討不庭。每輟卷而歎。……臨刑。神無懼容。謂監刑者曰。我闇於信人。所以致此。原其本心。豈不忠於社稷。但令百代之下。知有王恭耳。家無財帛。惟書籍而已。為識者所傷。」（同の84下）

晉書殷仲堪傳：仲堪自在荊州，連年水旱，百姓饑饉，仲堪食常五椀，盤無餘肴，飯粒落席間，輒拾以啖之，雖欲率物，亦緣其性真素也。每語子弟云：人物見我受任方州，謂我豁平昔時意，今吾處之不易。貧者士之常，焉得登枝而捐其本。爾其存之。以四註

又鄧攸傳：時吳郡闕守，人多欲之，帝以授攸。攸載米之郡，俸禄無所受，惟飲吳水而已。……以稱疾去職。郡常有送迎錢數百萬。攸去郡，不受一錢。……隨食與衣，周急振乏。（孔十伍）某伯道而以於西廳，所見識備甚之多也。

吳隱之之傳見晉書九十循吏

晉書外戚傳：羊琇性豪侈，費用無復齊限，而屑炭和作獸形以溫

源。汝下慕之。咸競效之。又喜聚斂。以度[redacted]中外不親。無男女（續畫。）
之別。時人譏之」（六三〇）
又王愷愷晚出族國戚。性復豪侈。用赤石脂泥壁」（四〇）案愷有子
又褚裒以后父昔求外出。除建威將軍江州刺史。……在官清約。
將至方伯。愷使私臺推採」（三五）
又王敦傳：時王愷石崇。以豪侈相尚。愷常置酒。敦與導俱在坐。有
女伎吹笛。小失聲韻。愷便毆殺之。一坐改容。敦神色自若。他日
又造愷。愷使美人行酒。以客飲不盡。輒殺之。酒至敦導所。敦故
不肯持。美人悲懼失色。而敦傲然不視。……」（六八〇）……口不
言財利。……石崇以奢豪矜物。廁上常有十餘婢侍列。皆有容

色。置甲煎粉沈香汁。有如厠者。皆易新衣而出。客多羞脱衣。而敦脱故著新。意色無怍。（98上）

晋書桓玄傳。元興二年。玄詐表請平姚興。……初欲飾裝。無他處分。先使作輕舸。載服玩及書畫等物。（99上）……性貪鄙。好奇異。尤愛寶物。珠玉不離於手。人士有法書好畫及佳園宅者。悉欲歸己。猶難逼奪之。皆蒱博而取。遣臣佐四出。掘果移竹。不遠數千里。百姓佳果美竹。無復遺餘。（99上）

又卞範之傳。玄既奢侈無度。範之亦盛營館第。（99上）

又殷仲文傳。以佐命親貴。厚自封崇。輿馬器服。窮極綺麗。後房伎妾數十。絲竹不絶。音性貪吝。多納貨賄。家累千金。常若不足。（99下）

晉書陸雲傳……拜吳王晏郎中。晏於西園。大營第室。雲上書曰
臣竊見世祖武皇帝。臨朝拱默。訓世以儉。即位二十有六載。宮
室臺榭。無所新營。屢發明詔。厚戒豐奢。國家纂承。務在遵奉。而
世俗陵遲。家競盈溢。漸漬波蕩。遂已成風。雖嚴詔屢宣。而侈俗
滋廣。每觀詔書。衆庶歎息。清河王昔起墓宅。時手詔追述先帝
節儉之教。懇切之旨。樞柩之臨。清河王毀壞成宅。以奉詔命……
……（五四卷）
又裴楷傳子憲……勒……王浚官寮親屬。皆貲至巨萬。惟憲與荀
綽。家有書百餘袠。鹽米各十數斛而已。（卅五卷）
又武帝紀咸寧四年十一月。辛巳。太醫司馬程據獻雉頭裘。帝以奇技

甚眾。其積府藏。焚之於殿前。甲申。敕內外敢有犯者罪之。（三北）

者方隱逸佚荒棄……及宣帝攝政。還都大宋。……鄰讓宮室。

珍玩充積。帝檢制之。息其華侈。（九の35）

生計

傅玄欲通計天下所須士農工商之數 士工商有餘當使歸農

皇甫陶上事欲使散發歸耕之語不精使農則當使耕之 晉書 傅玄傳

（四七頁）

晉書刁協傳協子彝彝之子逵逵之弟暢暢之子弘弘之弟子騁。並不拘名

行。以貨殖為務。有田萬頃。奴婢數千人。餘資稱是。因以助桓玄

刁氏遂滅。刁氏素殷富。奴客縱橫。固吝山澤。為京口之蠹。裕散

其資蓄。令百姓稱力而取之。彌日不盡。時天下饑弊。編戶賴之

以償焉。（四九頁）

謝安

又[redacted]傳。初元帝始鎮建業。公私窘罄。每得一豚。以為珍膳。項上

一當大義。頗以尊帝。每下未嘗敢食。于時咸以為榮寵。（七九上）

沙縣境內大饑。市長評議。出倉穀與百姓。秋收三倍徵之。晉書張軌

借只以証。案其時民間利率。恐不止三倍。

晉書隱逸傳氾騰。……敦煌人。……歎曰。生於亂世。貴而能貧。乃

可以免。散家財五十萬。以施宗族。（九四上）案敦煌富人亦以

通商致殷

又劉曜載記。曜禁無官者不聽乘馬。祿八百石以上婦女乃得

衣錦繡。自季秋農功畢。乃聽飲酒。宗廟社稷之祭。不得殺牛。犯

者皆死。（一〇三上）

又苻堅載記。時商人趙掇、丁妃、鄒甯等。皆家累千金。車服之盛。擬

則王侯之謂也。競引之為國二卿。黃門侍郎權寔言於法……

……從於是推檢引擬等為國卿地降大將以下制。非命士已上。

不得乘車馬於都城百里。服金銀錦繡。工商皂隸婦女。不得服

之。犯者棄市。（[illegible]）

晉書輿服志記：興寧初。禁百姓造錦繡為淫侈。（[illegible]）

又武帝紀泰始八年二月。乙亥。禁彫文綺組非法之物。（[illegible]）

八年己巳詔書。申明律令。諸士卒百工以上。所服乘不得違制。

若一縣一歲之中。有違犯者三家。洛陽縣十家已上。官長免。晉書李重傳（同上孫）

晉書李雄載記……君子小人服章不據……此其所以失也（[illegible]）

生計

荊揚盛衰

宋書孔靖傳論：史臣曰：江南之爲國盛矣。雖南包象浦，西括邛山。至於外奉貢賦，內充府實，止於荊揚二州。自漢氏以來，民戶凋耗。荊楚四戰之地，五達之郊，井邑殘亡，萬不餘一也。自義熙十一年司馬休之外奔，至於元嘉末，三十有九載，兵車勿用，民不外勞。役寬務簡，氓庶繁息，至餘糧棲畝，戶不夜扃，蓋東西之極盛也。既揚部分析，境極江南，考之漢域，惟丹陽會稽而已。自晉氏遷流，迄於太元之世，百許年中，無風塵之警，區域之內，晏如也。及孫恩寇亂，殲亡事極。自此以至大明之季，年踰六紀，民戶繁育，將曩時一矣。地廣野豐，民勤本業，一歲或稔，則數郡忘飢。會土帶海傍湖泊，高瞻山嶽，古者名都，[illegible]上游，商賈直一宗。霸杜之首，不材比也。蓟通路西楚之富，揚都有全吳之沃，魚鹽杞梓之利，充仞八方。然棉布帛之饒，覆被天下。而四家伍若，從雜利藪，亘歲從稼，無或一日逃避。而經從橫隨之客，奔走道途于身，莫不咸出於此。據實雜之，則稱貴。衛牢雜貴之，則商倍。至帝平之，議行於洋然。光緒十三年，京大水，淹浸民命，饑無大租，有老減風，並倉廩之振之病而不[illegible]叢山力也。大明之東，積旱成災，發藏同往風而救，非昔者所以病者乎古。死亡已倍之，並命比家。口減道來。前事未之詳，與於中氣，遂切於驛。救不惡趨，蒼龍以平價。則宜善民債，[illegible]御屠者，蓋由於此。山一 [illegible]

晉書武帝紀：泰始元年十二月丙寅受禪。下詔大弘儉約。出御府珠玉玩好之物，頒賜王公以下各有差。……禁樂府靡麗百戲之技及雕文游畋之具。（三2下）

又劉頌傳：頌論建國務車甲器械既具。群臣乃服采章。倉廩已實。乃營宮室。百姓已足。乃備官司。境內充足。乃作禮樂。

宋書[redacted]付吳逵之。高祖長女會稽（公主）……以勳湛之……貴戚豪家。產業甚厚。室宇園池。貴遊莫及。伎樂之妙。冠絕一時。門生千餘人。皆三吳富人之子。姿質端妍。衣服鮮麗。每出入行遊。塗巷盈滿。泥雨日。悉以後車載之。太祖嫌其侈縱。每以為言。時安成公何勖。無忌之子也。臨汝公孟靈休。昶之

逵之宋 女所藩 付亦作 逵之

子也。並如詹事。與湛之共以肴膳器服車馬相尚。京邑爲之語
曰。安成食。臨川飾。湛之本事之義兼程日盡。（七〇頁）南史
宋書顏師伯傳。師伯居權日久。天下輻湊。游其門者。爵位莫不踰
分。多納貨賄。家產豐積。伎妾聲樂。盡天下之選。園池第宅。冠絕
當時。驕奢淫恣。爲衣冠所嫉。（七七頁）
又沈慶之傳。居清明門外。有宅四所。室宇甚麗。又有園舍在婁湖。
慶之一夜攜子孫徙居之。以宅還官。悉移親戚中表於婁湖。列
門同閈焉。廣開田園之業。每指地示人曰。錢盡在此中。身享
大國。家素富厚。產業累萬金。奴僮千計。再獻錢千萬。穀萬斛。……
……妓妾數十人。並美容工藝。慶之優游無事。盡意歡愉。非朝賀

不出宮廷　南史卷34

宋書周朗傳。世祖即位。……普責百官讜言。朗上書曰。……且一體之金。不及佰兩。一歲之衣。不過數袋。而必收寶連櫝。集服累笥。目豈常視。身未時親。是櫝帶寶。笥著衣。空散國家之財。徒奔天下之貨。而主以此惰禮。妃以此傲家。是何糜蠹之劇。惑鄙之甚。逮至婢豎。皆無定科。(科[illegible])一婢之身。重婢以使。一豎之家。列豎以役。瓦金皮繡。漿酒藿肉者。故不可[illegible]稱紀。至有列軿以遊遨。飾兵以驅叱。不亦重甚哉。若禁行賜薄。不容致此。且細作始并。以為儉節。而市造華怪。即傳於民。如此則遷也。非移也。凡天下得治者以實。而治天下必當虛。民之耳目。眼不可誑。治之盡枚。並亦隨之。故凡厥庶民。制度日侈。商販之家。飾等王侯。傭賣之身。製均妃后。凡一袖之大。足斷為兩。一裙之長。可分為二。見車馬不辨貴賤。視冠服不知尊卑。尚方今造一物。小民明已睥睨。宮中朝製一衣。庶家晚已裁學。侈麗之原。實先宮閫。又妃主所服。不限高卑。自今以去。宜為節目。金魄翠玉。錦繡縠羅。奇色異章。小民既不得服。在上亦不得賜。若工人復造奇伎淫器。則皆焚之。而重其罪。（以二節）

宋書孔覬傳：性真素。不尚矯飾。遇得寶玩。服用不整。而他物麤敝。續不改易。時吳郡顧覬之亦尚儉素。衣裘器服。皆擇其陋者。宋世言清約。稱此二人。……先是庾徽之為御史中丞。性豪麗。服

矜其華。觀代之。衣冠器用。莫不靡麗。尚書令史。並三吳富人。咸
有轄之ミ衣。顧達貴賤。風韻陵藏。皆重上席。莫敢欺侮。
の 12下 南史卷七七上
宋書恩倖傳阮佃夫大通貨賄。凡事非重賂不行。人有餉絹二百
匹。嫌少。不答書。宅舍園池。諸王邸第莫及。妓女數十。藝貌冠絕
當時。金玉錦繡之飾。宮掖不逮也。每製一衣。造一物。京邑莫不
法效焉。於宅內開瀆。東出十許里。塘岸整潔。汎輕舟。奏女樂。中
書舍人劉休嘗詣之。直佃夫出行。中路相逢。要休同反。就席。便
命施設。一時珍羞。莫不畢備。凡諸火劑。並皆始熟。如此者數十
種。佃夫常作數十人饌。以待賓客。故造次便辦。類皆如此。惟晉

共王石。不於了之也。（凡の紙）（南史七七紙）

至道隆權既久。家居豪富。

往不及何夫。而精麗過之。（南史 七七）

齊高帝紀 宋順帝昇明二年三月。自泰始以來。內外奢侈。百姓成俗。

太祖輔政。欲革御府。省二尚方諸飾玩。至是又上表禁民間華偽

雜物。不得以金銀為箔。馬乘具不得金銀度。不得織成繡裙。道

路不得著錦履。不得用紅色為幡蓋衣服。不得翦綵帛為雜花。

不得以七寶飾樂器。又諸雜漆物不得以金銀為花獸。不得輒

鑄金銅為像。皆須墨敕。凡十七條。其中宮及諸王服用。雖依舊

例。亦請詳衷。（南史の外）

又明帝位後。身不御精細之物。敕中書舍人權集直宿者。布中松至首

介導。此制始自大明末。後泰始尤增其麗。留此置主衣。政是興長疾源。可即時打碎。凡復有可異物。皆宜隨例也。後宮器物欄檻。以銅爲飾者。皆改用鐵。内殿施黄紗帳。宫人著紫皮履。華蓋除金花爪。用鐵迴釘。每曰。使我治天下十年。當使黄金與土同價。欲以身率天下。移變風俗。（二上）の 南史 5/1下

齊書武帝紀。永明七年。詔曰。婚禮下達。人倫攸始。……晚俗浮麗。歷茲永久。每思懲革。而民未知禁。乃聞同牢之費。華泰尤甚。膳羞方丈。有過王侯。富者扇其驕風。貧者恥躬不逮。或以供帳未具。動致推遷。年不再來。盛時忽往。宜爲節文。頒之士庶。並可擬則公朝。方樏供設。合卺之禮。無廢舊章。（?）儉之義

在和好前遠繞之以法。十月己丑，詔曰：三季澆浮，舊章陵替，
吉凶奢靡，動違矩則。或裂錦繡以競車服之飾，塗金鏤石以窮
塋域之麗。至班白不婚，露棺累葉。苟相姱衒，罔顧大典。可明為
條制，嚴勒所在，悉使畫一。如復違犯，依事糾奏。（三下）
又武帝紀：上剛毅有斷，故為治總大體，以富國為先。頗不喜遊宴、
雕綺之事，言常恨之，未能頓遣。臨崩又詔：凡諸遊費，宜從休息。
自今遠近薦獻，務存節儉，不得出界營求，相高奢麗。金粟繒纊，
弊民已多，珠玉玩好，傷工尤重，嚴加禁絕，不得有違準繩。（三下）南史の附
又海陵王紀：延興元年，申明織成金薄綵花錦繡履之禁。（五下）
又明帝紀：建武二年。十月癸卯，詔曰：罷東田，毀興光樓。

元年十月乙亥，詔斷遠近上禮。丁卯，詔：自今雕文篆刻，歲時光新，可悉停省。蕃牧守宰，或有薦獻，事非任土，嚴加禁斷。（五下）

齊招水衡。有御輿。（寫近）南史五4上

又三年三月壬午。詔車府乘輿有金銀飾校者皆剔除之（已弊）。

又大存儉約。罷世祖所起新林苑。以地還百姓。廢文帝所起太子東田。斥賣之。永明中輿輦舟乘。悉剔取金銀還主衣庫。太官（進）御食。有裹蒸。帝曰。我食此不盡。可四片破之。餘充晚食。而世祖掖庭中宮殿服御。一無所改。（上以作……）南史五6上

宋孝武所起中。世祖以檝棹費勞動。詔更納杷。上御及六宮依禮。

秦漢服御。以奢侈之說。其餘衣物皆儉。但以素障擬則上古。

寶祐也。永嘉之第。高者今儒者鬭謝之……三王作宮圍闕。

言古之儉。無寧之禮。三王作之。西國大古之災。帝者歸之

以牙角代之。皆用良藥記。撲餘漁直六尺加兩。山欄堪明日明。

始也。今雜以方物來錯。而淫巧其興。予遂啓以鐵畫者近似。
則有宦官關者奉佛。亦觀數……語自令至傳以下。……語
亦儼古事。亦窮奇繪飾之像。並隆宜鐘遺鏤。自餘雜器焉用挺陶。
堂下執燭。其光燭遠。呼燭華僞。亦宜停省。……奏衛無風。奏唐也。
凡此侯紀金卷（劉攽史籍東齋）李氏傳之曾孫見五9卡
了書皇后傳史臣曰。……太祖創命。宮禁嬉後。野常的之紫極。尊
前代之踰奢。衣不文繡。色無紅紫。永懲其失。有同書室之世祖闕
儉。逮釋祿。事尚前規。風華使稽。香柏文欐。花珍繡棟。雕金鏤
寶。踰閎房幃。趙遵瑶異。燬閟奏嬪。寵贄俵恩。是使宄物。事由私
蓄。無損國儲。高宗仗對矯情。外门儉陋。内年宫業。莫云改。东

王偁書人傳 眞銀匠

[illegible]傳：風俗大壞，銷靡海內，以贍侈飾……（卅二）

南書文惠太子傳：太子與竟陵王子良，俱好釋氏，立六疾館以養窮民。風韻甚和，而性頗奢麗。宮內殿堂，皆雕飾精綺，過於上宮。開拓玄圃園，與臺城北塹等。其中樓觀塔宇，多聚奇石，妙極山水。慮上宮望見，乃傍門列修竹，內施高鄣，造遊牆數百間，施諸機巧。宜須鄣蔽，須臾成立。若應毀撤，應手遷徙。善製珍玩之物。織孔雀毛為衣，光彩金翠，過於雉頭矣。以晉明帝為太子時立西池，乃啟世祖引前例，求東田起小苑，上許之。永明中，二宮兵力全實。太子使宮中將吏更番役築，宮城苑巷，制度之盛，觀者傾京師。上性雖嚴，多布耳目，太子所為，無敢啟者。後上幸豫章

王宅。還過太子東田。見其彌亘華遠。壯麗極目。於是大怒。收監
作主帥。太子懼。皆藏之。由是見責。太子素多疾。體又過壯。常
在宮內。簡於遊履。玩之事。明儀。多所僭擬。雖咫尺宮禁。而上終不
知。……熟。……世祖（武帝）履行東宮。見太子服玩過制。大怒。勑有司
隨事毀除。以東田殿堂爲崇虛館。（卅一下）南史 四の21
齊書褚淵傳（明）帝崩。……與尚書令袁粲受顧命。輔幼主。……齋
奢侈之後。務於儉約。百姓賴之。（卅三下）
又張瓌傳。瓌居室豪富。伎妾盈房。……建武末。屢啟高宗。求歸吳。瓌吳
郡吳見誅。優游自樂。或有譏瓌衰暮畜伎。瓌曰。我少好音律。老
人
而方解。平生嗜欲。無復一存。唯未能遣此處耳。（卅四上）南史

又書陳顯達傳：上[redacted]高帝即位後。御膳不宰牲。顯達上熊蒸一盤。上

即以充飯。（卌六下）南史

又崔祖思傳：上[redacted]初即位（武帝 卅五下），祖思啓陳政事曰……又曰：……劉備

取帳鈎銅鑄錢。以充國用。魏武遣女，皂帳。婢十人。東阿婦以繡

衣賜死。王景興以淅米見誚。宋武節儉過人。張妃房惟碧綃蚊

幬。三齋茵席。五盞盤桃花米飯。殷仲文勸令畜伎。答云我不解

聲。仲文曰。但畜自解。又答曰。畏解，故不畜。……伏惟陛下……寢

殿則素木卑構。膳器則陶瓢充御。瓊簪玉箸。碎以為塵。珍裘繡

服。焚之如草。……（卌七下）南史

又劉善明傳：……不好積聚。所居茅齋，斧柱楣几案。不加剗削。[redacted]

……少與崔祖思友善。祖思出為青冀二州。善好道書曰。……

崔豈有報。猶貧鄙拙。無意懷榮。暮齡尤甚。出處不與台輔別入

國不與公卿遊。孤立天地之間。奉持[redacted]無他……達之二年卒。

……道家薦譽……宗尚道儀。懽賞書八千卷。太祖聞其清貧。

餘孫子景邵宗當賜衣穀五百斛。（卅八地）

齊書何戢傳：家業富盛。性又華侈。衣被服飾。極為奢麗。（卅二下）南史卅

又到撝傳：撝資籍豪富。厚自奉養。宅宇山池。京師第一。妓妾

姿藝。皆窮上品。才調流贍。善納交遊。庖廚豐腆。多致賓客。愛伎

陳玉珠。明帝遣求不與。逼奪之。撝頗怨望。帝令有司誣奏撝罪。

付廷尉。將殺之。撝入獄。數宿。鬚鬢皆白。免死。繫尚方。奪封與弟

賁。撝由是摩厲[illegible]。以[illegible]之業自立。（卅七上）

又劉悛傳：悛既藉舊恩。尤能悅附人主。承迎權貴。賓客閨房。供費奢

廣。罷廣司二州。傾資貢獻。家無留儲。在蜀作金浴盆。餘金物稱

是。罷任。以本號還都。欲獻之。而世祖晏駕。鬱林新立。悛奉獻減

少。鬱林知之。諷有司收悛付廷尉。將加誅戮。高宗啟救之。見原。

齊武帝嘗幸悛宅。晝臥覺。悛自捧金澡罐受四升水以沃盥。因以與帝。

前後所獻類此。（南史卅九上）

樊鶴往和程兄唐韻。而寫寄自和（四七）（南史 卌九下）

齊書虞悰傳：會稽餘姚人也。——建元初……遷……南東海太守。稍遷豫章內史。……悰治家富殖。奴婢無游手。雖在南土。而會稽海味。無不畢致焉。——悰善為滋味。和齊皆有方法。豫章王嶷盛饌享賓。謂悰曰。今日肴羞。寧有所遺不。悰曰。恨無黃頷臛。何曾食疏所載也。……世祖幸芳林園。就悰求扁米。悰獻粣及雜肴數十轝。太官鼎味不及也。上就悰求諸飲食方。悰秘不肯出。上醉後體不快。悰乃獻醒酒鯖鮓一方而已。（卌七 4上）

又蕭景先傳：太祖從子。遺言曰。……自丁荼毒以來。妓妾已多分張。所餘醜猥數人。皆不似事。可以明月佛女桂支佛兒玉女美玉上臺。

義陽雜畜東宮。私馬有二十餘匹。牛數頭。可管給十五匹牛二頭上臺。馬五匹牛一頭還東宮。大司馬、司徒各二匹。驃騎、鎮軍各乘一匹。其私仗器。亦其種業。六親多少自料理。可隨宜溫卹。微宋事舊。所有宅贖方。烈淮鶴等所居。須責那邸可稽遠嘉。劉等第宅。久閱其狀。可令淨市之。直居雜少。可宜乞足。三陵因勤作。自足借食。力少。更隨宜賞處。擇好選使。而須修管生。園植郭家。並委理而得法。其久舊勞勤者。應料理隨宜啟聞乞恩。——子親——親植屬衆。好為馬。為高宗所轄兵。王晏掌解。若腦諫之。遺贈園宅。贓財會實安奏伎。……（冊八作）

齊書武十七王傳：竟陵文宣王子良，（永明）九年，京邑大水，吳興偏

亂。子孫王室播遷，舊病不甘其勞。於是東土饑荒，給秋及春熟。

（同卷）南史

孝武……會稽之言山陰一縣，課戶二萬，其民貲不滿三千者，殆將居半。……凡有貲者，多是士人復除。……（同卷）

又崔慧景傳：慧景每罷州，輒傾資獻奉，動數百萬。武帝以此嘉之。

（卷四五 6上）南史

又張欣泰傳：父興世……之徵中。興世在家，擁雍州還資，見錢三千萬。蒼梧王自領人劫之，一夜垂盡。興世憂懼，感病卒。（卷二五 6上）

又崔祖思傳：兄慶緒，永明中，為梁州刺史。……其累州之資，家財千萬，散與宗族。漆器題為日字。……之器，流乎遠近。料目其財

假借文疏。滑稽子綺曰。彼有自首足焉。彼多言同言者。其大爽
記。（卷三上）南史 三十四下
有若良政循吏之世。十許年中。百姓無雞鳴犬吠之警。都邑之
盛。士女富逸。歌聲舞節。袨服華妝。桃花綠水之間。秋月春風之
下。蓋以百數。及建武之興。虜難猋起。征役連歲。不遑啟居。軍國
靡耗。從此衰矣。（卷三上）
又齊竟陵王傳太祖……深陳……是時員外郎劉思效表陳讜
言曰。宋自大明以來。漸見凋弊。徵賦有增於往。天府尤貧於昔。
兼軍警屢興。傷夷不復。戍役殘丁。儲無半菽。小民嗷嗷。無樂生
之色。貴勢之流。貨室之族。車服伎樂。[redacted]爭相奢麗。亭池第宅。

競趣高華。余於山澤之人。不敢採飲其水草。貴賤相權。損益尚
未。陛下宜當明詔。以信意。苟東陽。蔡邴俶。蘇鮑敘。有條後。總斯
明之號。寒鄉衛之信。況靈運之代。觀覽之聞。不亦太平。（另錄）
之日后蕃付雅懷隱具和恥。蜀郡太守。宋元嘉中經處……太始
初。淮北陽隱。界上流爭戰。多有去就。懷慎因此入境。乃乘乾邪
利。以已穿鑿遺書。記隋自東……以弟在前。建元初。又避開。我的人
而弟亦已亡。懷慎撫其精魂。卒歸亡之。自敘給其村落。（另錄）
又傳後付呂文顯時。武帝與茹法亮等並出入為舍人。並見親倖。
方編蒐歲月精百萬。並遣大宅。鑿山為池。（另錄）
梁武帝紀二年中興正月。……下令曰——自永元失德……

閫令弛檢。益務近習。販官鬻爵。賄貨公行。並甲第康衢。漸臺廣室。長袖低昂。等和戎之賜。珍羞百品。同伐冰之家。愚人因之。浸以成俗。驕奢淫縱。今務相高。乃市井之家。貂狐在御。工商之子。緹繡是襲。日入之次。夜分未反。昧爽之辰。頃之書思。聖躬肇運。膺籍握始。雖曰繼戎。殆同創業。……據本前之弊。務在儉德。民所以仰述皇祖大帝之節。備膺徽猷。廣恭儉之範。解而更張。斷雕為樸。[redacted]尚非可以奉粢盛。脩紱冕。習禮樂之容。繕甲兵之備。此外靡費。一皆禁絕。御府中署。量宜罷省。掖庭備御妾之數。大予絕鄭衛之音。其中有可以率先卿士。準的甿庶。菲食薄衣。請自孤始。加群才並軌。九官咸事。若能人務退食。競存約己。

移風易俗。庶幾自有感……能可謂為傑拔也。（一）ワ上 六卜 南史

梁書帝紀：於是始受相國梁公之命。是日。焚東昏淫奢異服六十二種於都街。（□）ワ上 六卜 南史

又普通二年。正月。辛巳。輿駕親祀南郊。詔曰：……凡民有單老孤稚。不能自存。主者。郡縣咸加收養。贍給衣食。每令周足。以終其身。又於京師置孤獨園。孤幼有歸。華髮不匱。若終年命。厚加料理。以前之氣。事收租錢。（三）卜上 七卜 南史

又日止一食。膳無鮮腴。惟豆羹糲食而已。……身衣布衣。木綿皁帳。一冠三載。一被二年。常克儉於身。凡皆此類。（三）卜上

[redacted]

梁書太祖五王傳：安成康王秀，每冬月，常作襦袴，以賜凍者。出為郢州刺

史時（卅二上）南史五二上

又南平元襄王偉……梁世藩邸之盛，無以過焉。而性多恩惠，尤

愍窮乏。常遣腹心左右，歷訪閭里人士，其有貧困吉凶不舉者，

即遣贍卹之。太原王曼穎卒，家貧無以殯斂，友人江革往哭之，

其妻兒對革號訴。革曰：建安王當知，必為營理。言未訖而偉使

至。給其喪事，得周濟焉。每祁寒積雪，則遣人載樵米，隨乏絕者

即賑給之。晚年崇信佛理，尤精玄學。（卅二上）南史五二上

又閑權倖，性儉素。衣服器用，居處牀帷，如布衣之貧者。每入官府，

雖廣夏華堂，閨閤重邃，樓居之則歷涉回隔，以獲南鄭，壞亦

不當。……普通之算。……率。……比年乃諧曰。……官不重此，有
靡□於給之之日。同家壽多。所無田宅。兩更革帛。首還古制。毋
五近
梁書徐勉傳，勉雖居顯位。不營產業。家無畜積。俸祿分贍親族之
窮乏者。門人故舊。或從容致言。勉乃答曰。人遺子孫以財。我遺
之以清白。子孫才也。則自致輜軿。如其不才。終為他有。嘗為書
誡其子崧曰。吾家世清廉。故常居貧素。至於產業之事。所未嘗
言。非直不經營而已。……古人所謂以清白遺子孫。不亦厚乎。
……顯貴以來。將三十載。門人故舊。亟薦便宜。或使創闢田園。
或勸興立邸店。又欲舳艫運致。亦令貨殖聚斂。若此眾事。皆距

而不納。非謂拔葵去織。且欲省息紛紜。中年聊於東田間營小園者。非在播藝。以要利入。正欲穿池種樹。少寄情賞。又以郊際閑曠。終可為宅。儻獲懸車致事。實欲歌哭於斯。……近營東邊兒孫二宅。乃藉十住南還之資。其中所須。猶為不少。既牽挽不至。又不可中途而輟。郊間之園。遂不辦保。貨與韋黯。乃獲百金。成就兩宅。已消其半。……尋覓此第。非有吝心。……蓋事所至。今以分汝。營小田舍。親累既多。理亦須此。……聞汝所買姑孰田地。甚為舄鹵。……雖事異寢丘。聊可髣髴。……若有所收獲。汝可自分贍內外大小。宜令得所。非吾所知。又復應沾之諸女耳。……今之所敷。略言此意。正謂為家已來。不事資產。既立墅

舍。以乘舊業。隨其始末。無愧懷抱。……自茲以後。乃不復言及

田業。此亦可謂無言言……。（四十五卯）

舉家藉儉。傳終。類在京邸。不治產業。有劉劭。不以為懷。（西不達）

又夏侯亶傳。亶歷為六郡三州。不修產業。祿賜所得。隨散親故。性

儉率。居處服用。充足而已。不事華侈。晚年頗好音樂。有妓妾十

數人。並無被服姿容。每有客。常隔簾奏之。時謂簾為夏侯妓衣

也。（卅八上）而夔性奢豪。後房伎妾曳羅縠飾金翠者亦有數十。

（性）南史 五五上

又魚弘傳。累從征討。常為軍鋒。歷南譙盱眙竟陵太守。常語（謂）人曰。

我為郡所謂（有）四盡。水中魚鱉盡。山中麞鹿盡。田中米穀盡。村里

人我庶居。丈夫生世。好樗蒱摘蒲草。白駒之過隙。人生但歡樂。古

寡人在何時。於是遊意甜黄。侍者百餘人。不持金寶。所戮車馬。諸

新丁附之起。(四)延

[redacted]

梁書江革傳……除——會稽郡丞。行府州事。革門生故吏。家多

在東州。聞革應至。並齎持緣道迎候。革曰。我通不受餉。不容獨

當故人筐篚。至鎮。惟資公俸。食不兼味。——除都官尚書。將還。

民皆悲惜之。饋遺無所受。送故依舊訂舫。革並不納。惟乘臺所

給一舫。舫艚偏欹。不得安臥。或謂革曰。船既不平。濟江甚險。當

移徙重物。以迮輕艚。革既無物。乃於西陵岸取石十餘片以實

之。甚清貧如此。……華歷百八府平史の五月事。二百二千石。
傳無担待。宗族盛立。世以此爲之。田大阡陌
渚甘肃寻付尊及訓子。自貽產列宅至第盛。其中有臺池觀揚。每
暇日。與家宗族遊觀。の方所積財之積。生積舊市讀自毅德厭
下翠蓋塗閣。每月常費十數萬。雖誡子判府。亦不宝盛
又增購傳……陳其傳其奏曰。……共二本已。……今天下宰
宗。所以當爲食祿。僅有常居自耕。良田風俗侈靡。使之如此。遂令
之業。集事多議。相摩二條。言其大埒。……今之葬者。相競誇豪。
積累如山岳。列有內墻積蓄之廣。而園一葬之資。而實至……
屋裁彫尚雕。而及堂已同冥囿。又或推舉如。左有品劃二八……

錫。良待和戎。今畜妓之夫。無有等秩。雖復庶賤微人。皆盛姬姜。務在貪汙。爭飾羅綺。故為吏牧民者。競為剝削。雖致貲巨億。罷歸之日。不支數年。便已消散。蓋由宴醑所費。既破數家之產。歌謠之具。必俟千金之資。所費事等丘山。為歡止在俄頃。乃更追恨向所取之少。今所費之多。如復傅翼。增其搏噬。一何悖哉。其餘淫侈。著之凡百。習以成俗。日見滋甚。欲使人守廉隅。吏尚清白。安可得邪。今誠宜嚴為禁制。道之以節儉。貶黜雕飾。糾奏浮華。使眾皆知變其耳目。改其好惡。夫失節之嗟。亦民所自患。正恥不及羣。故勉強而為之。苟力所不至。還受其弊矣。今若釐其風而正其失。易於反掌……

（卌八上）南史 六二 琛

梁書羊侃傳侃性豪侈。……姬妾侍列。窮極奢靡。……初赴衡州。
於兩艖艄起三間通梁水齋。飾以珠玉。加之錦繢。盛設帷屏。陳
列女樂。乘潮解纜。臨波置酒。緣塘傍水。觀者填咽。大同中。魏使
陽斐。與侃在北嘗同學。有詔令侃延斐同宴。賓客三百餘人。器
皆金玉雜寶。奏三部女樂。至夕。侍婢百餘人。俱執金花燭。侃不
能飲酒。而好賓客交遊。終日獻酬。同其醉醒。性寬厚。有器局。嘗
南還至漣口。置酒。有客張孺才者。醉於船中失火。延燒七十餘
艘。所燃金帛不可勝數。侃聞之。都不挂意。命酒不輟。孺才慚懼
自逃匿。侃慰喻使還。待之如舊。卷卅九。此 南史六三 61
又到溉傳所蒞以清白自修。性又率儉。不好聲色。虛室單牀。傍無

煙傳。自外車服，不事鮮華，冠履十年一易，朝服或至穿補。傳呼
清路，示有朝章而已。（四十七）
梁書止足傳：顧憲之、、、陸襄、、、經軍郡，資無儲石。及還環堵，不免
飢寒。（五十二）

又良吏傳敘：齊末昏亂，政移群小，賦調雲起，徭役無度，守宰多倚附
權門，互長貪虐，掊克聚斂，侵愁細民，天下搖動，無所措其手足。
高祖、、、、服浣濯之衣，御府無文飾，宮掖不過綾綵，無珠璣
錦繡。太官撤牢饌，每日膳菜蔬，飲酒不過三盞，以儉先海内。每
選長吏，務簡廉平，皆召見御前，勗以治道。始擢尚書殿中郎到
溉為建安内史，左民侍郎劉鬷為晉安太守，溉等居官，並以廉

消夏。（頁三上）

又：孫謙……自少及老，歷二郡五縣，所在廉潔。居身儉素。牀施蘧篨屏風。冬則布被莞席。夏日無幬帳。而夜臥未嘗有蚊蚋。人多異焉。……從兄靈慶嘗病寄謙。謙出門，還問起居。靈慶曰：向飲冷熱不調，即時猶渴。謙退遣其妻。有彭城劉融者，行乞疾篤無所歸，友人輿送謙舍。謙開廳事以待之。及融死，以禮殮葬之。（頁三上）南史七十循吏

陳書高祖紀……雅尚儉素。常膳不過數品。私饗曲宴，皆瓦器蚌盤。肴核庶羞，裁令充足而已。不為虛費。初平侯景，及立紹泰，子女玉帛，皆班將士。其充閨房者，衣不重綵，飾無金翠，哥鍾女樂

不列於前。及乎踐阼，彌厲恭儉。（二1上，南史九8下）

陳書世祖紀：天嘉元年八月戊子，詔曰：……梁氏末運，奢麗已甚。芻豢厭於胥史，歌鐘列於管庫。土木被丹朱之采，車馬飾金玉之珍。逐欲澆流，遷訛遂遠。……維雕鏤淫飾，非兵器及國容所須，金銀珠玉，衣服雜玩，悉皆禁斷。（三5下，南史九9下）

又世祖（文帝）起自艱難，知百姓疾苦，國家資用，務從儉約。常所調斂，事不獲已者，必咨嗟改色，若在諸己。主其奏決。（三7上，南史九10下）

又宣帝紀：太建十一年十二月己巳，詔曰：……貴里豪家，金鋪玉舄，貧居陋巷，彘食牛衣。稱物平施，何其遼遠。……今可宣勒主衣、尚方諸堂署等，自非軍國資須，不得繕造衆物。後宮僚列，若

多所減損，務於儉約。（南史十2上）

有游長。據庭啟奏。即皆罷遣。太子秘戲。非今禮法。樂府倡優。不
合雜西。並可斷改……別觀餘官。郊間野外。非恒營宴。勿復備
浮華。勒內外工役。車馬宅舍。皆循儉約。由者奢華。遠戒嚴抑。
有乖憲。所由具為條格。標榜宣示。令寡朕心焉。（三9上）

陳書後主紀太建十四年四月庚子詔曰——僻錦金銀等及歷
物化生土木人綵花之屬。及布帛幅尺短狹輕疏者。並傷財廢
業。尤國蠹患。……詳為條制。並皆禁絕。（六21上）南史十45上

考證廣臣本作度今從陳書及南本

又吳明徹傳侯景寇師。天下大亂。明徹有粟麥三千餘斛。而隣
里飢餒。乃白諸兄曰。當今草竊。人不圖久。奈何有此而不與鄉
家共之。於是計口平分。同其豐儉。群盜聞而避焉。賴以存者甚

眾。（九41上）

陳書沈眾傳：眾性吝嗇。內治産業。財帛以億計。無所分遺。其自奉養甚薄。每於朝會之中。衣裳破裂。或躬提[redacted]冠屨。永定二年。兼起部尚書。監起太極殿。恒服布袍芒屩。以麻繩為帶。又攜乾魚蔬菜飯獨噉之。朝士咸共誚其所為。眾性狷急。於是忿恨。遂歷詆公卿。非毀朝廷。高祖大怒。以眾素有令望。不欲顯誅之。後因其休假還武康。遂於吳中賜死。（廿企）（五南七史61上）

又孫瑒傳：瑒性通泰。有財物。散之親友。其自居處頗失於奢豪。庭院穿築。極林泉之致。歌鐘舞女。當世罕儔。賓客填門。軒蓋不絕。及出鎮郢州。乃合十餘船為大舫。於中立亭池。植荷芰。每良辰美

景。實傳垂集。匹長江而靈源，亦一時之翹楚焉。七四五 選 南史 六七上

南史宋武帝紀：永初二年正月，丙寅，斷金銀塗。（二一上）

又上清簡寡欲，嚴整有法度，未嘗視珠玉輿馬之飾，後庭無紈綺

絲竹之音。初，朝廷未備音樂，長史殷仲文以為言。帝曰：「日不暇

[redacted]給，且所不解。」仲文曰：「屢聽自然解之。」帝曰：「政以解則好之，故

不習耳。」寧州嘗獻虎魄枕，光色甚麗，價盈百金。時將北伐，以虎

魄療金創，上大悅，命碎分付諸將……財帛皆在外府，內無私

藏。宋臺建，有司奏東西堂施局腳床、金塗釘，上不許；使用直腳

床，釘用鐵。廣州嘗獻入筒細布，一端八丈，帝惡其精麗勞人，即

付有司彈太守，以布還之，并制嶺南禁作此布。帝素有熱病，并

並金創。末年尤劇。坐臥常須冷物。後有人獻石床。寢之極以爲佳。乃歎曰。木床且費。而況石邪。即令毀之。公主出適。遣送不過二十萬。無錦繡金玉。內外奉禁。莫不節儉。性尤簡易。常著連齒木屐。好出神武門內逍遙。左右從者不過十餘人。時徐羨之住西州。嘗幸羨之。便步出西掖門。羽儀絡繹追隨。已出西明門矣。諸子旦問起居。入閤脫公服。止著裙帽。如家人之禮。微時躬耕於丹徒。及受命。耨耜之具。頗有存者。皆命藏之。以留於後。及文帝幸舊宮。見而問焉。左右以實對。文帝色慚。……及孝武大明中。壞上所居陰室。於其處起玉燭殿。與群臣觀之。牀上有土鄣。壁上挂葛燈籠麻繩拂。侍中袁顗盛稱上儉素之德。孝武不

答稱曰。田舍公得此。以為豪矣。（二19上）

南史宋文帝紀。又性存儉約。不好奢侈。車府令嘗以輦篷故。請改易之。又輦席舊以烏皮緣。欲代以紫皮。上以竹篷未至於壞。紫色貴。並不聽改。其率素如此云。（二6上）

又孝武帝紀。元嘉三十年七月辛酉。詔崇儉約。禁淫侈。（二7上）

又孝建三年の閏月戊午。初禁人車及酒肆器用銀。（二7下）

又明帝紀。軍旅不息。府藏空盡。內外百官。並斷祿奉。在朝造官時。皆市井傭賤之子。而又令小黃門於殿內埋錢。以為私藏。以寶嗜鱁鮧。一食數桮。啖臘肉常至二百臠。奢費過度。每所造制。必為正御三十。副御次副又各三十。須一物輒造九十枚。天下騷

然。氏不堪命。宋氏之業。自此衰矣。(三下)

南史梁武帝紀天監四年正月有司奏吴令唐傭鑄盤龍火爐翔鳳硯蓋。詔禁錮終身。(六上)梁书無

陳書宣帝紀太建七年四月庚寅。豫州陳桃根於所部得青牛。獻之。詔遣還民。(百姓)⋯⋯乙未。陳桃根又表上織成羅紋錦被裘各二。詔於雲龍門外焚之。(六上)十一年 南史 孝證表陳書作裘

南史后妃傳宋后廢帝江皇后。大婚⋯⋯六年。拜皇太子妃。諷朝士州郡。皆令獻物。多者將直百金。始興太守孫奉伯止獻琴書。其外無餘物。上大怒。封藥賜死。既而原之。明帝(十一上)

南史宋宗室及諸王傳江夏文獻王義恭子武帝。孝武帝時所鑄錢。帝

性儉。諸子飲食不過五錢盤。義恭須果食。日中無算。得未嘗
噉。悉以與傍人。諸王未嘗敢求，求亦不得。（宋書注）元嘉六年。
為都督荊州刺史。義恭涉獵文義。而驕奢不節。及出藩。文帝與
書誡之曰……凡一月日自用。不可過三十萬。若能省此益美。
……（宋注）年給相府錢二千萬。他物稱此。而義恭性奢。用常不足。
文帝又別給錢年五千萬。（宋注）義恭性嗜不恆。與時移變。自始
至終。屢遷第宅。與人游款。意好亦多不終。奢侈無度。不愛財寶。
左右親幸。一日乞與。或至一二百萬。小有忤意。輒追奪之。大明
時。資供豐厚。而用常不足。賒市百姓物。無錢可還。民有通辭求
錢者。輒題後作原字。（南史）

南史宋宗室及諸王傳南郡王義宣子多畜嬪媵。後房千餘。尼媼數百。男女三十人。崇飾綺麗。費用殷廣。（十三上）

又竟陵王誕傳。誕初討元凶。與同舉兵。有翼奉之勳。及討義宣。又有殊勳。上性多猜。頗相疑憚。而誕造立第舍。窮極工巧。園池之美。冠於一時。多聚才力之士。實之第內。精甲利器。莫非上品。上意甚不平。（十四上）

又劉穆之傳。性奢豪。食必方丈。旦輒爲十人饌。未嘗獨餐。每至食時。客止十人。以還帳下。依常下食。以此爲常。嘗白帝曰。穆之家本貧賤。贍生多闕。叨忝以來。雖每存約損。而朝夕所須。微爲過豐。此外無一毫負公。（十五上）

宋書劉秀之傳：……益州刺史。折留俸禄二百八十萬付梁州鎮庫，此外蕭然。梁益二州，土境豐富，前後刺史，莫不營聚蓄，多者致萬金。所攜賓僚，並京邑貧士，出為郡縣，皆以苟得自資。秀之為治整肅，以身率下，遠近安悅焉。（八一卷）南史十五

陰……曾處二州刺史……

又徐湛之傳：初，高祖微時，貧陋過甚，嘗自往新洲伐荻，有納布衫襖等衣，皆敬皇后手自作。高祖既貴，以此衣付公主，曰：後世若有驕奢不節者，可以此衣示之。（是）（武帝）（武帝）會稽公主（七一卷）南史十五

南史湛之云：好居觀，好聲色，侍妾數十，皆佩金翠，服飾羅綺，服玩寒以金銀，飾以珠料，什傢碎。而閑門居有歌，安置數十，例飾玉斗。有時戴侍，肆意游川。劉樂山川，靡不畢陳，服飾游游，甚得良

之。時襄陽魚弘亦以豪侈稱。於其府中謂曰:此郡魚盡,南郡徐於

其服翫次於弘也。(夏侯傳。與梁湘東王鎮西諮議參軍。)(十五,8上)

宋書王鎮惡傳:時關中豐全,倉庫殷積,鎮惡極意收斂,子女玉

帛,不可勝計。高祖以其功大,不問也。……時有白高祖,以鎮惡

破長安,藏姚泓偽輦,為有異志。高祖密遣人覘輦所在,泓輦

飾以金銀,鎮惡剔取,而棄輦於垣側。高祖聞之,乃安。(四五,2上)

南史(十六,2上)

又朱脩之傳:脩之治身清約,凡所贈貺,一無所受。有餉,或受之,而

旋與佐吏賭之,終不入己。……去鎮,秋毫不犯,計在州然油

及牛馬穀草,以私錢十六萬償之。然性儉剋少恩情,姊在鄉里,

職守不忘。僧之走營傳館。僧往視捒之，頗徼之。而設茶叢饌飯。

僧之曰。此乃曹宗將食之絕。而出。先是新野庾彥達為益州刺

史。攜姊之鎮。分祿秩之半以供贍之。西土稱焉。（七六下）

南史蕭思話傳附惠開。惠開妹當適桂陽王休範。女又當適晉郡子。發遣

之資。須應二千萬。乃以為豫章內史。聽其肆意聚納。由是在郡

著貪暴之名。（十八下）而惠開府錄事參軍劉希徵。負蜀人責將

百萬。為責主所制。未得俱歸。惠開與希徵共事不厚。而廄中凡

有馬六十匹。悉以乞希徵償責。其意趣不常如是。惠開罷。資二

千餘萬。悉散施道俗。一無所留。（□上）惠開為益州刺史

又謝靈運傳。性奢豪。車服鮮麗。衣物多改舊形制。世共宗之。咸稱

謝康樂也。（十九下）護寺在……字

南史王僧達傳：與兄錫不協。錫罷臨海郡還。送故及奉禄。百萬以上。僧達一夕令奴輩取與餘。……乃以爲吳郡太守。時青溪三隱。猶不得意。吳郭西臺寺多富沙門。僧達求須不稱意。乃遣主簿顧曠率門義劫寺內沙門竺法瑤。得數百萬。（卅二下）

又 王曇首傳：子不擁金寶。婦女亦不得以爲飾玩。自非祿賜。一毫不受於人。（卅二上）

又 王瑩傳：……瑩於財賄。頗不遠嫌。擬云此家雖貧。董騎蘇之屬。並揮霍風流。頗懷嘉重此下。兩家有求。瑩乃自極之。（卅三下5）

又 王懿傳：孝武帝即位。以爲寧州刺史。時寧土全實。周寧州還。資

財鉅萬。孝武末年貪慾，刺史二千石罷任還都，必限使獻奉，又
以摴蒱戲取之，要令罄盡乃止。劉還至南州，而孝武晏駕，擁南資
為富人。明帝……[redacted]為益州刺史，罷還之後，亦數千金，先送獻
物，傾西資之半，明帝猶嫌其少。及還都，詣廷尉自簿，先詣獄
官閣。反接，是素多資財，然以被害。凡還豪不受鞭罰，輸財贖罪，謂之
賧錢，時人謂劉為被賧刺史。（廿二）迮
陳書褚玠傳：太建中，山陰縣多豪猾，前後令皆贓汙免。高宗患之，
謂中書舍人蔡景歷曰：稽陰大邑，久無良宰，卿文士之內，試思
其人。景歷進曰：褚玠廉儉有幹用，未審堪其選否。高宗曰：甚善，
卿言與朕意同。乃除戎昭將軍、山陰令。縣民張次的、王休達等與

諸猾吏賄賂，直無全丁，大戶類多隱沒，所乃鏡（鑠）次的等貲狀，啟
齊高宗（宣帝）子敕盧等并遣使助所披括，所出軍民（人）八百餘戶。時舍
人曹敕遣為高宗（宣帝）所寵，縣民（人）陳信家富於財，諂事黃信，又與丈
時所構，甚所乃遣使執縣文鞭之一百，於是吏民（人）股栗，莫敢犯
者。信後因敕遣譖所，竟坐免官。所在任，歲餘守祿俸而已，去官
之日，不堪自致，因留縣境種蔬菜以自給。或嗤所以非百里之
才，所答曰：豈要稽譯，敢不盡列？城除殘去暴，奸吏局蹐，若謂其
不能自潤脂膏，則如來命。以為不達從政，亦未服也。時人以為
信。梁太子知所無遂裝，手書賜粟米二百斛，於是遂起𨒪
觀此知貪官汙吏必興土豪劣紳為緣，[redacted]欲除土豪劣紳，勢不

南史 共六十 61

得不出於嶔崟嶔崟之路，惟摩倣其面貌行之，而世所謂古

墨之才與其才亦可知也。

南史陸儀傳：儀初作遂令，今陸家財，書貴積中，家業陸減，隨後改

易，如此十數年。（冊五上）

宋書范曄傳：收曄家樂器服玩，並皆珍麗，妓妾亦盛飾，母住止單

陋，惟有一廚盛樵薪，弟子冬無被，叔父單布衣。（冊三九下）（南史……）

南史顏師伯傳：親重隆密，群臣莫二，多納貨賄，家累千金。帝常（宋書七七上）

與師伯樗蒲，帝擲得雉，大悅，謂必勝。師伯後得盧，帝失色。師伯

遽斂子曰：幾作盧。爾日師伯一輸百萬。（冊四十下）（宋孝武時事）師

伯居權日久，天下輻湊，遊其門者，爵位莫不踰分，多納貨賄，家

屋豐積。伎妾聲樂。蓋天下之選。園池第宅。冠絕當時。驕奢淫恣。爲衣冠所疾。（卷七七叶）宋書本傳

南史沈攸之傳：富貴擬於王者。夜中。諸廂廊然燭達旦。後房服珠玉者數百人。皆一時絕艶。（卅七叶）宋書無。

又宗慤傳：孝建中。累遷豫州刺史。監五州諸軍事。鄉人庾業。家富豪侈。侍客必列方丈。而爲慤設粟飯菜葅。謂客曰。宗軍人。慣噉麤食。慤致飽而退。初無異辭。至是業爲慤長史。帶梁郡。慤待之甚厚。不以前事爲嫌。（卅七叶）

又宗越傳：越本南陽次門也。家貧無以休假。輒傭債自給。爲隊主。蠻有寇擾。通所愛擇。每將被卷載。送棺材中。

以蓋加上。乃免。及在鵲尾洲。與明帝亦藤以絲助雍州刺史袁顗內智藏。黨逆。若事平之日。乞其家財。帝許之。云是。收錄吳氏惟鄧人傳身自出。傳役財貨。直數千萬。敬兒咸有之。（[illegible]）敬兒於江陵。誅攸之親黨。沒入其財物數十萬。悉以入私。遺蓄者百不二焉。（[illegible]）

敬兒在雍州貪殘。人間一物堪用。莫不奪取。於襄陽城西起宅。聚物財貨。宅大小殆侔襄陽。（[illegible]）

南史曹武傳。節在雍州。猶見錢七千萬。皆厚輪大郭。他物稱是。馬八百匹。僕奢豪飲。膳無膏腴。嘗為權幸見若法珍設女妓。金翠耀眼。器服精華。無與等。因是欲誣而奪之。人傳武每好屏景。頭前廊招柏作武處。帝東昏以武舊將。領兼利其財。新除未及拜。

過誤。及收兵到，顏曰。訓人知我無異意。所以殺我。政欲取吾財貨使女耳。惜今寡覺見之。訓子長成者皆見誅。惟子世宗兄弟三人未冠，繫尚方。梁武帝哀之得免。（同上方注）

南史陸杲傳。天監五年。除御史中丞。……時山陰令虞肩在任，贓汙數百萬。杲奏收劾之。……（同上注）

南史梁宗室傳長沙宣武王懿長子（文）……子藻，天監元年。……為益州刺史。……初鄧元起在蜀。崇於聚斂。財貨山積。金玉珍帛為一室。名為內藏。綺縠錦罽為一室。號曰外府。藻以外府賜將帥。內藏歸王府。不有私焉。及至遷還，輕舟數艘。（見下一頁）

梁書本傳無

梁宗室傳臨川靜惠王宏（文帝第六子）……奢侈過度。修第擬於帝宮。
後庭數百千人。皆極天下之選。所幸江無畏。服玩侔於齊東昏
潘妃。寶屧直千萬。好食鯖魚頭。常日進三百。其佗珍膳。盈溢後
房。食之不盡。棄諸道路。江本吳氏女也。世有國色。親從子女。徧
游王侯後宮。雖色見第九人。因權勢傾於都下。宏以介弟之
貴。無佗量能。恣意聚斂。庫室垂有百間。在內堂之後。關籥甚嚴。
有疑是鎧仗者。密以聞。……宏愛妾江氏。寢膳不能暫離。上（武帝）
佗日。送盛饌與江。曰。當來就汝懽宴。唯攜布衣之舊射聲校尉
丘佗卿往。與宏及江大飲。半醉後謂曰。我今欲履行汝後房。便
呼後閤輿徑往屋所。宏恐上見其賄貨。顏色怖懼。上意彌言是

仗。屋屋檢視。宏性愛錢。百萬一聚。黃榜標之。千萬一庫。懸一紫標。如此三十餘間。帝與佗卿屈指計見錢三億餘萬。餘屋貯布絹絲綿漆蜜紵蠟朱沙黃屑雜貨。但見滿庫。不知多少。……宏都下有數十邸。出懸錢立券。每以田宅邸店懸上文券。期訖便驅券主。奪其宅。都下東土百姓。失業非一。帝後知。制懸券不得復驅奪。自此後貧庶不復失居業。晉時有錢神論。豫章王綜以宏貪吝。遂為錢愚論。其文甚切。帝知以激宏。宣旨與綜。天下文章何限。那忽作此。雖令急毀。而流布已遠。宏深病之。聚斂稍改。……宏性好內。樂酒。沈湎聲色。侍女千人。皆極綺麗。(五一8下)

南史梁宗室傳始興忠武王憺子暎……為北徐州刺史……常載

粟帛。遍於境內。有遊手者。即以振給。（五二 7下）

南史梁武帝諸子傳。昭明太子統。時俗稍奢。太子欲以己率物。服御朴素。身衣浣衣。膳不兼肉。（五三 1下）在宮二十餘年。不畜音聲。少時。敕賜太樂女伎一部。略非所好。普通中。大軍北討。都下米貴。太子因命菲衣減膳。每霖雨積雪。遣腹心左右周行閭巷。視貧困家。及有流離道路。以米密加振賜。人十石。又出主衣絹帛。年常多作襦袴。各三千領。冬月以施寒者。不令人知。若死亡無可斂則為備棺槥。（五三 27下）梁書八 21上

又南康簡王績傳。耽色愛財。極意聚斂。倉儲庫藏盈溢。臨終。有啟遺中錄事參軍謝宣融送所上金銀器千餘件。武帝始知其富。以

資財多儲積。因問宣融曰。王寧盡於此乎。……此不憑。以非宰

誅死。潛子彥融。彥不堪。王薨。乃閱庫閱珍物。見金鋌。問左右曰。此可食否。答曰。不可。彥曰。既不可食。並將乞他。他皆此類」(四三七上)

南史曹景宗傳「景宗好内。妓妾至數百。窮極錦繡」(五五三上)

南史雜研傳「……對曰。蜀中積弊。實非一朝。百家爲村。不過數家有食。窮迫之人。什有八九。束縛之使。旬有二三。貪亂樂禍。無足多怪。若令家畜五母之雞。一母之豕。牀上有百錢布被。甑中有數升麥飯。雖蘇張巧説於前。韓白按劍於後。將不能使一夫爲盜。況貪亂乎」(五五八上)

南史鄧元起傳：少時又嘗至其西湘田舍，有沙門造之乞，元起有稻二千斛，悉以施之。（五五 8下）

又沈攸之傳：晚節好積聚，多藏圖書數萬卷，有油二百斛，米四千石，他物稱是。（三[redacted]六下）

又朱异傳：四方饋餉，財貨充積。……起宅東陂，窮乎美麗，晚日來下，酣飲其中，每迫曛黃，慮臺門將閉，乃引其鹵簿，自宅至城，使捉城門，停留管籥。既而聲勢所驅，熏灼内外，產與羊侃相埒，好飲食，極滋味聲色之娛，子鵝炰鰌，不輟於口，雖朝謁，從車中必齎飴餌。（六二 4下）

南史蕭摩訶傳：……宣帝崩，始興王叔陵於殿内手刃後主，遂奔

東陽阿摩訶入處樂。乃專為其稍有趣來藏地利記。……楊陵

書所著錄。金光明寶經。呂王集。乃歸之。」（梁七頁）

南史循吏傳郭祖深。梁武帝時。輿櫬詣闕上封事。言：「又讒者傷賢。

機逆出。」且百僚卿士。少有奉公。尸祿競利。不尚廉潔。宰守積錄。

侍列迷仙。不思不肅。何好而然。」（七十四頁上）

又恩倖傳：茹法亮與會稽呂文度、臨海呂文顯。並以姦佞諂事武

帝。（齊書亦同）　文度既見委用。大納財賄。廣開宅宇。盛起土山。奇禽

怪樹。皆聚其中。後房羅綺。王侯不能及。」　法亮廣開宅宇。杉齋

光麗。與延昌殿相埒。延昌殿。武帝中齋也。宅後為魚池釣臺。土

山樓館。長廊將一里。竹林花藥之美。公家苑囿所不能及。替

林邵信。陳步兵校尉時有奉無珍之。居舍人之任。凡所論薦。事無不允。開私要津。及郡丞尉。皆論備而退。凡依倚勢家。兩月之間。累至千金。第館宅之宅。遂又有其宅。後取其貨賄。兼併全材貨莫信。不要質直。（見七七卷）呂文顯、茹法亮等（南齊書五十六）人並見款事。多の方佃業。並達大宅。跨山帶池。時中書舍人の人。及任心有。其譜之の戶。既獨專權勢。傾天下。晉宋之制。舍人之家以為年的限。且無以為年限之。又以三國為限。語之所。惡還擴其來又不倣三國之制。若按迎新。多人應程送賦。の方佃業一集。歲斂百萬。舍人茹法亮於眾中語人曰。何須覓外祿。此一戶內。年辦百萬。蓋約言之也。（79）

權勢集之利。與藪者下。及南齊人

州。本以當賊盜，而屬此因事。刑頗不備，得者無罪；家有錢，不論
教令。莫不棄親戚，去家產，與其妻子俱在秦。而其居力，而家無錢。一
無所聞，惟出頸受刃時，亦已甚矣。至其妻子坐設，東西之區。教
所無信。人情大亂，頃之即死者，首後有教，恥後教。蓋亦深論，孰能
如是也。

魏
書世祖紀 太平真君九年十月癸卯。以婚姻奢靡。喪葬過度。詔
有司更為科限。（同下41）
又高宗紀和平二年。春正月。乙酉。詔曰。刺史牧民。為萬里之表。自
頃每因發調。逼民假貸。大商富賈。要射時利。旬日之間。增贏十
倍。上下通同。分以潤屋。故編户之家。困於凍餒。豪富之門。日有
兼積。為政之弊。莫過於此。其一切禁絕。犯者十疋以上皆死。布
告天下。咸令知禁。（見41）
又四年十二月辛丑。詔曰。名位不同。禮亦異數。所以殊等級。示軌
儀。今喪葬嫁娶。大禮未備。貴勢豪富。越度奢靡。非所謂式昭典憲

者也。有司可爲之條格。使貴賤有章。上下咸序。著之於令。（五上）

魏書高祖紀。太和二年五月。詔曰。婚聘過禮。則嫁娶有失時之弊。厚葬送終。則生者有糜費之苦。……乃者民漸奢尚。婚葬越軌。致貧富相高。貴賤無別。……朕今憲章舊典。祗案先制。著之律令。永爲定準。犯者以違制論。（七上）

又二十一年九月。丙申。詔曰。……可勅司州洛陽之民。年七十已上無子孫。六十以上。無期親。貧不自存者。給以衣食。及不滿六十。而有廢痼之疾。無大功之親。窮困無以自療者。皆於別坊遣醫救護。給醫師四人。豫請藥物以療之。（七下）

又世宗紀。延昌二年九月。丙辰。以貴族豪門。崇習奢侈。詔尚書嚴

立限紙節方流宕。不以

敬书 神之平文訓子以付去斯何間之餘悅年耽於釋使在揭那日侍側時

乃人岩館琛豹冠於一时及在離何館有有依聚飲年[redacted]恒何

以上

敬书大事五再傳臨淮王諱萬海書友[redacted]又言令人生為

宅録第號王僕存後異途年隆節制。當壯上龍屋飾架儀。隣里

相葉標格。其書之……同窟之設若桂梨艤軍魚城山。之有然

本之……之上灣。鳳於存徒有協帶。往疏豪。……隨自若以民。着

措辭墨以道為論官目不加紳紳即與同思。中八九時麥餘

敬书崔和伯崔言平昔大守家巨富。而性吝嗇埋錢數百萬。其母季

宋□ 公歎書之 孝友付與笑

春思臺。借錢不買。子孰……盜錢百萬。皆和之走。以為傳同閭

府鎧曹參軍。坐貪汙。死於晉陽。（廿四 1下）

魏書劉潔傳：潔既居勢要。擅作威福……拔城破國者。聚斂財貨。

潔分之。籍其家產。財盈巨萬。（廿八 4下）又世祖紀太平真君

八年六月。西征諸將扶風公元處真等八將。坐盜沒軍資。所在

虜掠。贓各千萬計。並斬之。（四下 4下）可見魏世重人貪暴。

魏書源賀傳：長子延……弟思禮。後賜名懷。又詔為使持節加侍中

行臺。巡行北邊六鎮恆燕朔三州。……自京師遷洛。邊朔遙遠。

加連年旱儉。百姓困弊。……懷又表曰。景明以來。北蕃連年災

旱。高原陸野。不任營殖。唯有水田。少可菑畝。然主將參僚。專擅

腴美。瘠土荒疇。給百姓。因此困弊。日月滋甚。諸鎮水田。請依地令。分給細民。先貧後富。若分付不平。令一人怨訟者。鎮將已下。各奪一時之祿。四人已上。奪祿一周。

魏書
盧義僖傳。盧義僖少時。幽州頻遭水旱。先有穀數萬石貸民。義僖以年穀不熟。乃燔其契。州閭悅其恩德。（四七）

又韓麒麟傳。太和十一年。京都大饑。麒麟表陳時務曰。……自承平日久。豐穰積年。競相矜夸。遂成侈俗。車服第宅。奢僭無限。喪葬婚娶。為費實多。貴富之家。童妾袨服。工商之族。玉食錦衣。農夫餔糟糠。蠶婦乏短褐。故令耕者日少。田有荒蕪。穀帛罄於府庫。寶貨盈於市里。衣食匱於室。麗服溢於路。饑寒之本。實在於

制。且凡珠玩之物。皆宜禁斷。吉凶之禮。備爲格式。令貴賤有別。民歸朴素。[redacted]……」(六十八)

魏書薛[redacted]真度從祖弟見安都傳安都初真度有女妓數十人。每集賓客。輒命奏之。絲竹歌舞。不輟於前。盡聲色之適。」(六十一)

又韋叔毅傳。叔毅善持家業。尤能積聚田產。大致儲積。」(六十五)

又李彪傳。上封事七條。……其一曰。……今之人。素富之家。習華既深。敦樸情喪。……壯制第宅。美飾車馬。僕妾衣綾綺。土木被文繡。僭度違衷甚衆矣。……臣以爲第宅車服自百官以至於庶人。宜爲其等制。使貴不逼賤。卑不僭高。……」(六十二)高祖時

又李崇傳。崇在官和厚。明於決斷。[redacted]……然性好財貨。販肆聚斂。

家貲巨萬。營求不息。子若弟為相州刺史。亦無清白狀。鄴洛市鄽收擅其利。為時論所鄙。（同六4上）

魏書崔光韶（亮從父弟）傳（見亮傳）光韶博學強辯。尤好理論。至於人倫名教得失之間。權而論之。不以一毫假物。家足於財。而性儉吝。衣馬敝瘦。食味麤薄。始光韶在都。同里人王蔓。於夜遇盜。害其二子。孝莊詔黃門高道穆。令加檢捕。一坊之內。家別搜索。至光韶宅。綾絹錢布。匱篋充積。議者譏其矯嗇。其家資產。皆光伯所營。光伯亡。悉焚其契。河間邢子才。曾貸錢數萬。後送還之。光韶曰。此亡弟相貸。僕不知也。竟不納。（同六9上）

又張烈傳……靈太后反政。以烈元叉黨。出為……青州刺史。於

時議者。以劉宗族豪強，僮客甚多，慮其縱暴，不宜出爲本郡。及

據……臟於刺史。……乃更貨賄。……於是產業殷孜，孜孜不已。識

鑒巨萬，他資亦稱是。兄弟自供儉約，車馬瘦敝，衣服布素，而婢

妾紈綺，僮僕大好蒲飲，戲不擇人。是以獲譏於世。（卷七六上）

魏書高崇傳：家資富厚，僮僕千餘，而崇志尚儉素，車馬器服，充事

而已。自傳贊。子柯年號。（卷七七上）

魏書酈道元傳，又有封回曾異。亦以學識清立見知，歷治書侍御

史。永安中黃門郎散騎常侍。出帝世國子祭酒。不營家產，以

饑卒。楊穆。時人傷歎之。又高郡曹昂，有學術，以學秀才。永安中大

學博士。重爲書郎，而常徒步上省。以貧清貧，自宜通德。大失綾德。

時人鄙其貪詐。（七九上）

魏書楊子鵝傳：……除……殷州刺史。屬歲旱儉，子鵝恤民已乃勸有粟之家，分貸貧者，並遣人牛易力，多種二麥，州內以此獲安。（八八上）

魏書恩倖傳王叡：太后明叡，密賜珍玩繒綵，人莫能知。率常以夜，帷車載往，閹官防致，前後巨萬，不可勝數，加以田園奴婢牛馬雜畜，並盡良美。大臣及左右因是以受賚錫，外示不私，所費又以萬計。（九三上）

叡弟諶，諶孫超，性豪華，[illegible]自奢侈，以官為第……傳之末。（此上）

叡子襲，而椿僮僕千餘，園宅華廣，聲妓自適，無乏於時。（此上）

[illegible]時出家，澍官為宅，宅宇高華，姿[illegible]光溢，微帶而

然無不及茹皓仲興也。（注）　茹皓時皆皓頗斂藏。於茹下人而
趙脩自絕後。陰有納受。貨產盈積。起宅宮西。朝貴弗之及也。（注）
親於閹官符承祖中，試中官坊。與鄭儼趙黑及宗之，除宗國。家傳
對之。通於士流。（注）（九の四）　劉騰……至於大官財。亦見著錄……
……其時有秉權之後對人。皆被眷寵。出入禁闥。兼總宿位。積貲
巨萬。第宅華壯。於時大后御殿。乃謝事矣。（注）　位補高超大補
悖恭寵。出入禁闥。二十餘年。未嘗有過。由是特被恩寵。藏自貲
餉。家累巨萬。（注）　王遇。遇與抱嶷。並為大閹所寵。兼以餉
以將擇數百人。馬牛羊他物稱是。二人俱號富家。遇兼帶子儀。
……產業有過於遇財。（注）　李堅所在受納。家產巨萬。亦以大高膽

時到出宰　長方外任（北）

劉騰公私屬請，唯在財貨，舟車之利，水陸無遺。山澤之饒，所在固護，剝削六鎮，交通互市，歲入利息，以巨萬計。又頗[illegible]役嬪御，時有徵求，婦女器物，公然受納。逼奪鄰居，廣開宅宇。天下咸苦之。（北）

魏書島夷蕭衍傳：衍所部刺史郡守，初至官者，皆責其上禮獻物，多者便云稱職，所貢微少，言不肯。故其牧守在官，皆競事聚斂，劫剝細民，以自封殖。多妓妾、粱肉、金綺，百姓怨苦，咸不聊生。……其王侯貴人，奢淫無度，弟兄子侄，侍妾或及千數，至乃回相贈遺。其風俗頹敗，綱維不舉若此。（九八北）

又私署漳州牧，使寔付賤以穀帛付民，歲收倍利，利不充其備，妻

田宅。（九九上）祚置五校尉。官人叛逃。禁四品以下不得衣繒
帛。庶人不得畜奴婢。乘車馬。百姓怨懟。（2上）
魏書蠕蠕傳。太和元年四月。遣莫[redacted]河去汾比拔等來獻良馬貂
裘。比拔等稱伏承天朝珍寶華麗甚積。求一觀之。乃敕有司出
御府珍玩金玉文繡器物。御廄文馬奇禽異獸。及人間所宜用
者列之京肆。令其歷觀焉。比拔見之。自相謂曰。大國富麗。一生
所未見也。（百三 41上）
又釋老志。和平……二年。冬。沙門統曇曜上言。僧尼浩曠。清濁混
流。不遵禁典。精麤莫別。輒與經律法師群議立制……又出家
之人。不應犯法。積不淨物。且經律所制。通塞有方。依律。車牛淨

人不詳之物。而得由己私畜。唯有老病。年六十以上者。聽一乘。

又比來僧尼。或用三寶物。出債私財……（續紀）

北齊書文宣帝紀天保元年六月辛巳詔曰。頃者風俗流宕。浮競日滋。家有吉凶。務求勝異。婚姻喪葬之費。車服飲食之華。動竭歲資。以營日富。又奴僕帶金玉。婢妾衣羅綺。始以創出為奇。後以過前為麗。上下貪績。無復等差。今運屬惟新。思蠲往弊。反朴還淳。納民軌物。可量事具立條式。使儉而獲中。（同上）

又後主紀武平七年。春正月。壬辰。詔去秋已來。水潦人饑。不自立者。所在付大寺及諸富戶。濟其性命。（同上）

又文襄六王傳漁陽王紹信……行過漁陽。與大富人鍾長命同怀生。大守鄭道蓋謂長命則起。紹信不聽。曰：此何物小人，而主人公爲起。乃與長命結爲義兄弟。妃與長命妻爲姊妹。責其闔家幼長。皆有賜贈。鍾氏因此遂貴。（甲一廿）

北齊書婁昭傳：代郡平城人也。武明皇后之母弟也。祖父提，雄傑有識度。家僮千數。牛馬以谷量。性好周給。士多歸附之。魏太昌時，以功封真定侯。（十五廿）

又王則傳：元象初，除洛州刺史。則性貪婪，在州受取非法，舊京諸像，毀以鑄錢。於時世號河陽錢，皆出其家。（廿廿上）

北齊書庫狄伏連（慕容儼）傳末：代人。……少以武幹事尒朱榮。……從高祖建義。……伏連質朴，勤於公事，直衛官禁，曉夕不離帝所以此見知，鄙吝重粮，無治民政術，及居州任，專事聚斂……

典張邵王徹穀和士開，伏誅，伏連家口有百數，盛夏之日，料以倉米二升，不給鹽菜，常有饑色。冬至之日，親表稱賀，其妻為設豆餅，伏連問此豆因何而得，妻對向者於食馬豆中分減充用，伏連大怒，典馬掌食之人並加杖罰，積年賜物，藏在別庫，遣侍婢一人，專掌管鑰，每入庫檢閱，必語妻子云：此是官物，不得輒用。

亦是隋錄，並歸天府。（冊8卷）

[redacted]北齊本

李元忠傳：趙郡柏人人也。……初元忠以母老多患，乃專心醫藥，研習積年，遂善於方技，性仁恕，見有疾者，不問貴賤，咸為救療。家素富實，其家人在鄉，多有舉貸求利，元忠每焚契免責，鄉人甚敦重之。魏孝明時，盜賊蜂起。清河有五百人西戍，還經南趙郡。以路梗，共投之。奉絹千匹。之唯受一匹。殺五羊以食之。遣奴為導。曰：若逢賊，但道李元忠遣送。奴如其言。賊皆捨避。永安初，就拜南趙郡太守。……值洛陽傾覆，莊帝幽崩，元忠棄官還家。潛圖義舉。會高祖率衆東出，便自往奉迎。……時刺史爾朱羽生阻兵據州。之先聚衆於西山，仍與大軍相合，禽斬羽生。……嘗貢世宗蒲桃一盤。世宗報以百練縑，遺其書曰：儀同位亞台鉉，識懷貞素。出藩入侍，備經要重。而猶家無儋石，室若懸磬。豈輕財重義，奉時愛己故也。久相[redacted]嘉尚，嗟詠無極，恒思標賞。有意無由。忽辱蒲桃，良深佩帶。聊用絹百匹，以酬清德也。

……孫騰司馬子如嘗共詣之。見其坐樹下。擁被對壺。庭室
蕪曠。謂二公曰。不意今日披藜藿也。因呼妻出。衣不曳地。二公
相顧。歎息而去。大餉米絹衣服。之受而散之。(廿二)止

北齊(廿二)盧文偉傳：范陽涿人也。為北州冠族。……少孤。有志尚。頗
涉經史。篤於交游。少為鄉閭所敬。州辟主簿。年三十八。始舉秀
才。除本州平北府長流參軍。說刺史裴儁。按舊迹修督亢陂。溉
田萬餘頃。民賴其利。修立之功。多以委之。文偉既善於營理。兼
展私力。家素貧儉。因此致富。孝昌中。詔兼尚書郎中。時行臺常
景啓為為行臺郎中。及北方將亂。文偉積稻穀於范陽城。時經
荒儉。多所拯贍。彌為鄉里所歸。尋為杜洛周所虜。隨周敗。隨入

葛榮之敗，故家，時歸樓，樓據薊城，文偉率鄉閭屯守范陽，與樓相抗。乃以文偉行范陽郡事。防守二年，與士卒同勞苦，分散家財，拯救貧乏，莫不人人感悅。」文偉性輕財，愛賓客，善於撫接，好行小惠，是以所在頗得人情，雖有受納，吏民不甚苦之。經紀生資，常若不足。致財積聚，承候寵要，餉遺不絕。」（卅二卄）

北齊書崔瞻㥄㥄付子見瞻性簡傲，以才地自矜，所與周旋，皆一時名勝。在御史臺，恒於宅中送食，備盡珍羞，別室獨餐，處之自若。」（卅）

三卄

又陳元康傳：「溺於財利，受納金帛，不可勝紀，放責交易，偏於州郡，為清論所譏。」（卅四 九卄）

北齊書元韶付魏孝莊之姪……齊神武帝以孝武帝后配之。魏
室奇寶多隨后入韶家。有二玉鉢相盛，可轉而不可出。馬瑙榼
容三升，玉縫之。皆稱西域鬼作也。（廿八上）
文高德政付文宣親以刀子刺之。血流灑地。又使……劉桃枝……
……斬足之三指。帝怒不解。禁德政於門下。其夜，開城門，以氈轝
送還家。旦日，德政妻出寶物滿四牀，欲以寄人。帝奄至其宅，見
而怒曰：我府藏猶無此物。詰其所從得，皆諸元賂之也。遂曳出
斬之。時妻出拜，又斬之。并其子祭酒伯堅。（卅上）
又盧潛付：謝商胡負官責時。宦者陸德信，縱其妾往淮南富家，令
將於徵責。（四二上）

北齊書循吏傳蘇瓊[redacted]遷南清河太守。……道人[redacted]研。為濟州沙門統。資產巨富。在郡多有出息。常得郡縣為徵。及欲求謁。度知其意。每見則談問玄理。應對肅敬。研雖為債數來。無由啟口。……又禁斷淫祠。婚姻喪葬。皆教令儉而中禮。（四六下）

又酷吏傳宋游道。以游道為右丞。文襄……游道入省。劾太師咸陽王坦。太保孫騰。司徒高隆之。司空侯景。錄尚書元弼。尚書令司馬子如。官貸金銀。催徵償利。雖非指事贓賄。終是不避權豪。（四七上）

焚毀書傳之物。周書武帝紀。建德元年。十二月。庚寅。幸道會苑。以上善殿壯麗。遂焚之。（五四上）

六年五月辛丑詔曰……其東

山南園及三臺面鏡清暑高氏游宴之地可並撤毀瓦木諸物凡入用者盡賜下民山園之田各還本主（同上）五月詔曰……往者冢臣專任制度有違正殿別寢事窮壯麗非直雕牆峻宇深戒前王而締構弘敞有逾清廟不軌不物何以示後兼東夏初平民未見德率先海內宜自朕始其露寢會義崇信含仁雲和思齊諸殿等農隙之時悉可毀撤雕斲之物並賜貧民繕造之宜務從卑[redacted]朴 戊戌詔曰京師宮殿已從撤毀并鄴二所華侈過度誠復作之非我豈容因而弗革諸堂殿壯麗並宜除蕩甍宇雜物分賜窮民三農之隙別漸營構止蔽風雨務在卑狹（同上）

陳書宣帝紀 大建七年四月庚寅監豫州陳桃根於所部得青牛

獻之詔遣還民……乙未陸桃根又表上織成羅文錦被裘各

二詔於雲龍門外焚之（五6上）

欲望

以最小耗費，獲得最大的滿足 The law of least effort

欲望沒有數量上的限制，但是有程度上的限制，許多欲望彼此互相

、競爭，或彼此互相補足 一種欲望，爲常於滿足後變成習慣（生活程度）

欲望與文化有關

資本

資本的兩種表現 (一)機械 (二)預付

資本 capital 與收入 income 不同 (一)資本是用來再生產的收入是用來消費的 (二)資本是不變的 收入是流々不息的

資本由於淨收入(決定); (net income) 以收入用於再生產即變為資本

財富
- 不動貨物(如房屋田地)
- 資本(股票證券)
- 流動貨物——消費品……非資本

不動貨物、資本——產生收入……資本

「貨幣」兼資本與消費品兩種性質

资本投[redacted]入土地，变土地支配 使不着资本

消费品用来出借出租，而获得「收入」者即变作资本

货币
- 消费品
- 资本
  - 生产资本 productive capital（股票）
  - 收入资本 lucrative capital（政府所作证券）

固定资本 fixed capital 经若干次生产动作才消灭者如机器

流动资本 circulating capital 在一次生产动作中便消灭者

如煤 汽油

勞動力與生產品

一件東西能稱為生產品，必含有勞力 (一)天然的財富不能稱為財富，除非人有發現而利用之 (二)未經勞力的天然財富不能合用

勞動力的種類 (一)体力 (二)智力 (三)組織力

財富與價值

(一)財富是表示人與物間的關係，

價值是表示物與物的關係

(二)財富與量成正比

價值與量成反比

價值學說

(一)價值效用說——視其滿足人類的慾望的程度而定（More of the useful）

（The utility theory of value）故最後效用（final utility）決定價值

(二)勞動價值說 The labour theory of value

交換價值 exchange value 與貨幣

一樣東西的交換價值，决之於其「獲得力」Power of acquisition

——即兩種東西的「交換價值」與其交換時的量，成反比

貨幣是交換價值的普通尺度 Common measure 孔化

異時異地比較兩種(或某種)不同的東西的(價)值……

生計

供需定律

Law of Supply and Demand

供需定律調節生產——供過於求，則物價跌，企業家便從事於別種生產，求過於供，則物價昂，企業家便鼓勵生產。

供需定律，不會完全發達（一）因一種生產事業，不易立刻變換[redacted]別種生產事業；（二）於普通情形下生產不能代表真的需要（三）有時需要代表投機者——即代表不能實現的將來需要，代表現在

報酬遞減律

報酬遞減律是一切生產中的共同現象（不獨農業）

國際歷史

經濟科學大綱 三〇六至三〇九葉

生計

點宮室道度如。衣食米高樓館宮室道度如材之大容構瓦木

可用諸詞類人不能見屬於史之事情

經濟階段。個人 部落 都市 國民 世界

經濟程度。交村經濟如漁獵而農業原村經濟本地耕種好傳統經濟理解

的合理經濟科學研究

器具機器。機器曰發動機曰傳達機曰器具機與工業時器具非獨立乃此別

成大機器之一部離人手而入機械中以他器具或機器支配

蒸汽機與經濟。蒸汽機對從氣候地理中獨立免某程度之自

熱學附

歐洲經濟及經濟觀念之變遷

羅馬帝國亡。農業之城市，減少貨幣之交通，經濟商業活躍隨減少而漸衰。

十字軍興。造成對外國商品之需要。船舶增加，航路伸張，地理知識進步。鄉都城市。貨幣經濟發達，與財富累積，權力隨之，而第三階級興起。

相信國權在國民生活，以營業為本。財富不求了義。人口貴有限制。

統一與自足，乃永久之目標。重農學派為獨樹不同與之標語。

為儲錢而鑄錢，以及貨幣與機會增加賦稅，於取與責備尤嚴。

羅馬法利息與地租並論，視為應得。此時經濟上之觀念仍

輔為人生哲學之下。以共產主義為理想之自然趨而亦不違
個人有財產於生產消費品及積蓄權利，可轉之法，於特加追
凡事以營業者為利，且仍被禁斷；以與它團體為重，複將該會對於
排除僅限於地方，使政府增加稅收。然商務日與以前
對內維護之也。 當時視爭利之動機，以謀[illegible]之發達者之
生活，及財產之資，共視為國家之主要。 所謂不足
不憚對於社會道德情形，使個人生活與其階級相稱

經濟乃普乎勢力之求平衡。是論何時皆然。惟須非簡單之因

果

效用遞減律。物之重複效用隨而減。程此首並陳效用

經濟學之制度派。此派最新。其說謂經濟行為不應視為本

於或習慣特性殊而不肯視為社會習慣之所範。此社會習慣者換

制度。第其演進及變動加以檢討，則可規定未來之發展

此派實現其經濟社會雖明知其事實均為廣用統計

分頭經濟制度，令其真進步化，而不能立正確之理論。信在於久

生計學研究。㈠ 經濟制度與社會制度之關係。經濟行為與社會

川動之要素為本心理衝動所產生也。經濟學乃社會科學之一門

生計

七　(二)人類團體制度隨社會財產與文化演進而修改

(三)原始共產制中之四種要素

利息為制欲報酬。說出西尼爾 社會科學史綱七冊頁の六五

塞武於生產消費交換分配 同上頁の六六

塞氏分別資本家與企業家

●於原始人為之事。全屬人類制度均可改動

李嘉圖學說 社會科學史綱七冊頁の六二。(一)正常的生產價值與勞動成

本成比例(二)發明地租多工之私國家可否 自生產(三)揭出各階級利

益不一致 此書附級為實生產(四)收穫遞減律

生計

封建与統一理論之對反

封建社會為自足之經濟。統一則消除之。破其轄出之禁。廢過道之稅。開水陸路。於是全國之市場成。而地方觀念取消。生產變而廣大市場而生產。積蓄資本重要性顯矣。

此因轄出入之禁。諸侯國為範圍。始遇難矣。諸侯則當積權操集。而自身合併於國家。

生計

生計情形之劇變

歐邦近時城市之勃興

大工業紡織、蒸汽、機械化業徒之　一八三七年鋼製犁始興

以耙以耕、栽、穫、打禾，車皆以機代之。蓋天然代十八世紀之矣

交通便利工匠擴商業興　以工業革命爲西歷大一變

教育因之亦開職業學校始於十九世紀初　然使青年人職業不

重合作原理　故事皆合作　而發財皆個人之成功思想

發財爭奪　商業知識　發財訴訟

生計

節用律 Sumptuary laws

梭倫立此以限制商人之用財 及定土地所有權限制

雜計

平準

平準二字之義原于管子食貨志述管仲而曰
凡輕重斂散之以時則準平（四の下止） 大原之于
權義而謂輕重平糴均輸常平亦自從保
（四の下止）

平準令

漢書趙廣漢傳舉茂才平準令 劉奉世曰

材字下當有為字

生計

遣博士褚大徐偃等分行郡國舉并兼之徒守相
為利者 漢食貨志
卅五下 比

審計

二十年來中國之經濟思進

東方21|

卅年來經濟進展

東方20了

列強對華經濟侵略紀剖

東方22 22

古計（續）

宋書劉秀之傳：舊制，山湖方二山澤中，不聽百姓捕魚。永下詔：禮，名
山木澤水以給，与共其利，今乃私為，兼可禁無度，請皆增薦
[redacted]
以循郭。……此流方才此
[redacted]
宋書孔季恭傳：子靈符，靈符家本豐，產業甚廣，又於永興立墅，周回三
十三里，水陸地二百六十五頃，含帶二山，又有果園九處。為有
司所糾，詔原之。而靈符答對不實，坐以免官。見四○上
又入為丹陽尹。山陰縣土境褊狹，民多田少，靈符表徙無貲之家
於餘姚、鄞、鄮三縣界，墾起湖田。上使公卿博議，太宰江夏王義
恭議曰：……謂山陰豪族富室，頃畝不少，貧者肆力，非為無處，
……又緣湖居民，魚鴨為業，及有居肆，理無樂徙……大收
上時事
（又）

（地權）

宋書羊玄保傳兄子希……大明初。為尚書左丞。時揚州刺史西陽王子尚上言。山湖之禁。雖有舊科。民俗相因。替而不奉。熂山封水。保為家利。自頃以來。頹弛日甚。富強者兼嶺而占。貧弱者薪蘇無託。至漁採之地。亦又如茲……有司檢壬辰詔書。占山護澤。強盜律論。贓一丈以上皆棄市。希以壬辰之制。其禁嚴刻。事既難遵。理與時弛。而占山封水。漸染復滋。更相因仍。便成先業。一朝頓去。易致嗟怨。今更刊革。立制五條。凡是山澤先常熂爐種養竹木雜果為林。及陂湖江海魚梁鰌鮆場。常加功脩作者。聽不追奪。官品第一第二。聽占山三頃。第三第四品二頃五十畝。第五第六品二頃。第七第八品一頃五十畝。第九品及百

崖

姓一頃。皆依定格。條上貲簿。若先已占山。不得更占。先占闕少。依限占足。若非前條舊業。一不得禁。有犯者。水上一尺以上。並計贓。依常盜律論。停除咸康二年壬辰之科。從之。（五四下）

宋書蔡興宗傳：會稽多諸豪右。不遵王憲。又幸臣近習。參半宮省。封略山湖。妨民害治。興宗皆以法繩之。時為會稽太守。明帝時（五七上）南史 五九上

又王惠傳：兄鑒。頗好聚斂。廣營田業。（五八上）

又謝靈運傳：會稽東郭有回踵湖。靈運求決以為田。太祖令州郡履行。此湖去郭直。水物所出。百姓惜之。太守孟顗堅執不與。靈運既不得回踵。又求始寧岯崲湖為田。顗又固執。靈運謂顗非存利民。正慮決湖多害生命。言論毀傷之。與顗遂構讎隙。（六七上）

地權

齊書高逸傳[illegible]太祖初，[illegible]郎劉[illegible]勤[illegible]言曰：[illegible]之[illegible]……
……[illegible]地第宅，競趣高華，至于山澤之人，不敢採飲其水草。（四[illegible]）
梁書傅昭傳：天監……十七年，出為……臨海太守。郡有蜜巖，前
後太守皆自封固，專收其利。昭以周文之囿，與百姓共之，大可
喻小，乃教勿封。（卅六上）
宋書顏延之傳：……遷國子祭酒、司徒左長史，坐啓買人田，不肯還直。
尚書左丞荀赤松奏之曰：求田問舍，前賢所鄙。延之唯利是視，
輕冒陳聞，依傍詔恩，拒捍餘直，垂及周年，猶不畢了，昧利苟得，
無所顧忌……請以延之訟田不實，妄干天聽，以強凌弱，免所
居官。詔可。居身清約，不營財利。（七三上下）
南史同上

權

南史江秉之傳人有勸其營田秉之正色答曰食祿之家豈可與農人競利。（卅六下）

又柳元景傳時在朝勳要多事產業。唯元景獨無所營。南岸有數十畝菜園。守園人賣菜。得錢三萬。送還宅元景怒曰。我立此園種菜以供家中啖耳。乃復賣菜以取錢。奪百姓之利邪。以錢乞守園人。（卅八下）

又梁宗室傳臨川靜惠王宏宏都下有數十邸。出懸錢立券。每以田宅邸店。懸上文券。期訖。便驅券主奪其宅。都下東土百姓失業非一。也帝後知。制懸券不得復驅奪。自此後貧庶不復失居業。（五一下）

魏書源懷（源賀傳，賀長子，本思禮，後賜名懷）。又詔為使持節。加侍中行臺。巡行
北邊六鎮恒燕朔三州。賑給貧乏。兼采風俗。考論殿最。……懷
又表曰。景明已來。北蕃連年災旱。高原陸野。不任營殖。唯有水
田。少可蕃畝。然主將參僚。專擅腴美。瘠土荒疇給百姓。因此困
弊。日月滋甚。諸鎮水田。請依地令。分給細民。先貧後富。若分付
不平。令一人怨訟者。鎮將以下。連署之官。各奪一時之祿。四人
已上。奪祿一周。可一述

魏書李安世（孝伯傳，孝伯兄祥之子安世）。時民飢困流散。豪右多有占奪。安世
乃上疏曰。……竊見州郡之民。或因年儉流移。棄賣田宅。漂居

五三

異鄉。事涉數世。三長既立。始返舊墟。廬井荒毀。桑榆改植。事已歷遠。易生假冒。彊宗豪族。肆其侵陵。遠認魏晉之家。近引親舊之驗。又年載稍久。鄉老所惑。群證雖多。莫可取據。各附親知。互有長短。兩證徒具。聽者猶疑。爭訟遷延。連紀不判。良疇委而不開。柔桑枯而不採。僥倖之徒興。繁多之獄作。欲令家豐歲儲。人給資用。其可得乎。愚謂今雖桑井難復。宜更均量。審其徑術。令分藝有準。力業相稱。細民獲資生之利。豪右靡餘地之盈。則無私之澤。乃播均於兆庶。如阜如山。可有積於比戶矣。又所爭之田。宜限年斷。事久難明。悉屬今主。然後虛妄之民。絕望於覬覦。守分之士。永免於陵奪矣。高祖深納之。後均田之制。起於此矣。

晉書郭舒傳高官督護繆坦嘗請武昌城西地爲營。太守樂凱言於敦。敦至曰。百姓久買此地種菜自贍。不宜奪之。敦大怒。……凱懼。不敢言。舒曰。……敦即使還地。……（同三9上）

又李重傳時太中大夫恬和表陳便宜。稱漢孔光魏徐幹等議使王公以下制奴婢限數。及禁百姓賣田宅。中書啟可屬主者爲條制。重奏曰。……諸侯之軌既滅。而井田之制未復。則王者之法。不得制人之私。……人之田宅既無定限。則奴婢不宜偏制其數。懼徒爲之法。實碎而難檢。……（同六8上）

又隱逸傳郭翻家於臨川。不交世事。惟以漁釣射獵爲娛。居貧無

地權

業。將雜荒田。先立表題。經年無主。然後乃作。稻將熟。有認之者。
悉推與之。將令使而請之。以稻疊償之。並遂不受。（宋書孝義傳）
晉書李~~雄~~班載記。班以古者墾田均平。貧富獲所。今貴者廣占荒田。
貧者種殖無地。富者以己所餘而賣之。此豈王者大均之義乎。
雄納之。（雄班）
宋書孝武帝紀。孝建二年。八月。三吳民饑……而已。詔曰。諸苑禁
制綿遠。有妨肆業。可詳所開弛。假與貧民。（宋紀）
梁書武帝紀。大同七年。十一月……又詔曰……凡是田桑廢宅
沒入者。公創之外。悉以分給貧民。皆使量其所能。以受田分。如
聞頃者。豪家富室。多占取公田。貴價僦税。以與貧民。傷時害政。

草廬已荒。自今以田業不得假與豪家。已假者聽不追。并著
宦室給貧民種糧共營作者。不在禁例。（三 8下 南史）
梁書后妃傳太宗簡皇后王氏父騫。天監十一年。……時高
祖於鍾山造大愛敬寺。騫舊墅在寺側。有良田八十餘頃。即晉
丞相王導賜田也。高祖遣主書宣旨。就騫求市。欲以施寺。騫答
旨云。此田不賣。若是敕取。所不敢言。酬對又脫略。高祖怒。遂付
市評田價。以直逼還之。（七 21）
南史沈慶之傳。廣開田園之業。每指地語人曰。錢盡在此中耳。（卅七 2上）
又庾杲之傳。杲之嘗書王安郎。勞歎使之。問杲之曰。百姓那得家
家題門帖賣宅。答曰。朝廷既欲掃蕩京洛。剋復神州。所以家家

書定耳。親使編集而不簽。書出之帝時（四九下）

至小陵諸共承因呈族多寡不均今欲推均之見宋史張亢傳

樊知古傳

鄧茂七自稱剗平王見明史丁瑄傳（卷三二上）

南唐潘佑李平欲行井田見續宋史長編陸游南唐書見宋元通鑑宋太祖

開寶六年（七七上）

虞集欲行井田見元史本傳（卷一上）

地權

田連阡陌又顓川澤管山林富偕（史53）

順井陌田　耕籍（又539）

近特丁處廢井田順民之心（又203）

山澤為六覽之の（又205）

田令商賈不書　孔僅咸陽賈人不得名田（又541）　順井法令人

不得名田為業（又539）

豪民田非家單以賦貧民　又徙之苦新田宅賦民（又539）

地權

俄國土地

第今多個人所有地。多債甚多故真所有者俄國及外國銀行。

至今尚無置有據躇

第二[次]蘇維埃大會布告第三次所決土地收歸耕者全體。土不動產之勞動標準以人數平均分配

地權

井田

見孟子 公羊 穀梁 韓詩外傳 地官大司
徒 小司徒 遂人 考工記匠人 漢書食貨
志 春秋井田記(隋書循吏傳注引)
遂人什一使自賦，然自營採之野 大小司徒
六遂人接鄉(九一) 食貨志云士工商家受田
五口而當農夫一人 他說附此

禮記少儀國家靡敝則車不雕幾甲不組縢食器不刻鏤君子不
履絲屨馬不常秣
又下曲禮歲凶年穀不登君膳不祭肺馬不食穀馳道不除祭祀
不縣大夫不食粱士飲酒不樂
又玉藻年不順成則天子素服乘素車食無樂 至於八月不雨
君不舉 年不順成君衣布搢本關梁不租山澤列而不賦土
功不興大夫不得造車馬
又坊記子云君子不盡利以遺民詩云彼有遺秉此有不斂穧伊
寡婦之利故君子仕則不稼田則不漁食時不力珍大夫不坐

羊去不坐，犬…… 公儀休見史記循吏列傳

清代生計情形○清代通史中486

養濟院病坊育嬰堂 事物原會六廿

清代養老育嬰○東華錄二1447

周書大匡為荒政 糴匡分成年、儉年、饑、大荒四等

男女習工○見呂覽上女農分工也（蓋場之作）

古代經濟組織○可看呂覽上農

生計之進化○見淮南本經

漢時知人民爲官 漢書補注王子侯表上齊光侯殿

漢時屋舍亦曰上升 觀堂集林十七敦煌漢簡跋

士大夫之侍○宋庠同家與楊億李宗諤時見宋史同家傳（註41下）

士大夫之侈○宋史蒲宗孟傳每旦刲羊十豕十然燭三百……

一浴湯至五斛（同上51下）

五代之侈○宋史文苑刁衎傳衎始李氏擁據甚盛父為蒲帥家

富於財被服飲膳極於侈靡（同右64下）　李昊封世家孫承祐……

之在浙右日憑藉親寵恣為奢侈每一飲宴凡殺物命千數膳

膳必數十品方下筯所居室中爇龍腦日不下數兩（同上94下）

禁奢之令○宋史仁宗紀景祐二年二月（同上十上）　又嘉祐四年四

月　高宗紀紹興廿三年十二月　孝宗紀淳熙二年十月（卅）

の（105上）十六年十一月卅五（上）　光宗紀紹熙三年六月卅六（上）
寧宗紀嘉泰八年正月卅九（上）　輿服志孫三卅一（下）
元史仁宗紀延祐元年十二月卅六（上）　其所定服色等第久
輿服志（七八上）

輕重

輕重之法在後世者宋之市易均輸見宋史食貨志（下八）8上

市[redacted]易起於傳說創之由王韶 熙寧三 京師置市易務在熙寧五由

魏繼宗言之以呂嘉問主其事 蔡縣亦有[redacted]者 設 元祐罷紹

聖四復元符三改為平準務 自後城坊價市貴賤慣例因收

餘息 諸州市兩蹈其平價市之[redacted]高官物其贖以抵當貨本

歲息十一及歲倍之 然自是人皆可知呂嘉問奏使人至

湖南販茶陝西販鹽兩浙販紗 其事殘擾民取利 於時日

貴者有三一結保賒請二契書金銀為抵三貿遷物貨三者抵

保賒法行之久負失多 亦有以田宅抵者 探石時其有罰

直 收免行錢爲僦官之物 宋史言其以官府作賈匹公取牙儈之利（止）

均輸起源之三 侯亦[illegible]路發運使以權宋史云云（止） 其說亦見薛向表發運使（殘上）

宋史職官志提舉常平司……高貴常使則有所斂之後售於民以平物價（殘下） 東此者乎 按釋賣亦

金史宣宗紀興定三年正月議以均輸（甲五四下）

籍

方田

宋史王洙傳（卷二九四）天下田稅不均請用郭諮孫琳千步開方法頒州縣以均其稅（論述）郭諮傳見三百廿六其人有巧思能造兵械嘗陳大水禦戎策欲復幽燕 其千步方田法初行于肥鄉三司議均稅法頒陽偕言惟諮方田法簡而易行詔諮與孫琳均蔡州上蔡縣稅亦見食貨志（論此）

王安石傳方田之法以東西南北各千步當四十一頃六十六畝一百六十步為一方歲以九月令佐分地計量驗地土肥瘠定之其色號分為五等以地之等均定稅數（論述）其法詳見食貨志二（論此述）頗為精詳但此等事必須人民

自為今日派官為之措置或擾民或革不行覆推憑胥吏保

離其不可思議且有妄增稅不俞之山六方之擇出畝草之直

廿

太宗紀端拱二年三月庚亥作方田（五上）

神宗紀熙寧五年八月頒方田均稅法（十五下）　哲宗紀元年八

年十月丙戌罷方田（十七上）　徽宗紀崇寧三年七月辛

卯行方田法（十九上）　四年二月乙卯罷方田法（廿上）　五年

正月権罷方田（廿上）　大觀元年二月己卯復行方田（廿下）

四年七月辛丑復罷方田（廿上）　政和二年四月辛卯復行方

田（廿一上）　宣和元年六月壬午詔罷⋯⋯推方田稅⋯⋯等

東卅一延 宣和元年八月戊寅詔諸路方田並令方量

同上租課卅二延 三年二月罷方田卅二延 參看食貨志

寧宗紀嘉定七年八月癸巳朔罷貿外の州府增方田稅卅九延

理宗紀淳祐十二年正月癸丑詔宰執議立方田閲薜濟自實析

始の三延

經界

宋史高宗紀紹興十二年十一月，以左司郎中李椿年爲兩浙轉運副使，專治經界(卅四上) 十四年八月，以李椿年權戶部侍郎，仍治經界(卅五上) 十五年正月戊辰，命戶部侍郎王鈇措置兩浙經界(卅五上) 十一月甲子，命右司員外郎李朝正同措置經界(卅五下) 二十年二月壬子，行經界所擾官吏史唐中免海外四州及瀘敍二州長寧軍經界(卅六下) 三月戊戌，詔改四川經界法之屬民者(卅九上) 七月庚寅，罷泉漳汀三州經界(卅九上) 二十九年八月丁卯，降南雄英連三州經界(卅一上)

孝宗紀隆興元年八月辛卯，詔諸路補治經界，時措置(卅五上) 十四年

五月乙酉遣使措置汀州經界（四五頁） 七月丁未以旱罷汀
州經界（頁）
光宗紀紹熙二年三月丙寅詔福建提點刑獄陳公亮知漳州朱
熹同措置泉漳汀三州經界（四六頁） 十月丙子朔詔罷經界
（七頁）
寧宗紀嘉定十六年八月辛巳詔州縣經界毋增紐民稅額（四十
頁）
理宗紀淳祐十二年五月罷諸郡經界（四三頁）
經界見食貨志農田（卷三八上 下 一〇上 下 一一下 一四上） 其法必極細密然反
不利於小民利之而不利者是大戶但狡黠多也

經理田糧激成蔡五九之變見元史仁宗紀延祐二年（卅五葉）
贛都以徵括田新租作亂見五年（卅六葉） 亦見姦臣鐵木迭
兒傳（十葉）
經理即章閭、履畝、覈田 延祐元年行于河南江西江浙二
省[illegible]見食貨志（九三葉）

職田

宋仁宗初限田亦廢　时又禁近臣置別業京師及寺觀市田六
即破壞岩田 宋史食货志（卷一七三）

宋職田 唐有之五代廢咸平中定 見宋史職官志（卷一七二）

宋職田佃户以浮客充所得課租均分如以原例 宋史[illegible]官志（卷一七二）稿

職田之弊　所占踰制　抑都保正長及中上户分佃認納　不
问所收厚薄必输　否向田畝所在寃撥租課 相存田之 存以樁
甚有撤友案而不給以租處不同其利其心也　職田多寡
不均

金以今宣旨多数令百姓各随公宇就输而送之官倉均定其数 金史百官志（卷五八）

宋史高宗紀紹興卅十一月庚辰禁浙路折輸職田錢（卅一頁）

宋史哲宗紀元祐三年九月詔觀察使以上給永業田（十七頁） 宋則亦職田類也

又孝宗紀隆興元年八月罷借諸路職田之令（四三頁） 乾道二年五月己酉罷拘借職田（卅三頁） 八年十月罷借諸路職田（卅四頁）。

元職田數見食貨志自一頃至十六頃（元史九六頁）

元史齊履謙傳泰定二年以本官奉使宣撫江西福建 了富司據田畝歲輸米三石民不勝苦履謙命准令輸之由是皆足（卅二頁）

官公田

官田見宋史食貨志營田（卷百七十六以下）本收租或賣　自立户

適所及買公田乃寺院收租

本收租及賣地並皆所謂官田　籍沒入　營田　本官田　户

掩　逃田　絕後田舍　沙田　沙蕩　蘆場附　僧寺常

住絕產（同及無勅額庵院）田則以近臨取　經界之制為營田可立官莊　凡

此等田隸常平司轉運提刑茶鹽司

要之所則錄侂胄與其他權幸沒入之田及圍田湖田之在官者

皆隸焉

公田則景定四年殿中侍御史陳堯道等言已依祖宗限田議自

兩浙江東西官民戶踰限之田抽三分之一買充公田故其原起於兼併

宋史食貨志云建炎三年凡天下官田令民依公例自陳輸租（卷一七三）職官志職田佃戶以浮客充所得課租均分如公原例（卷一七二）故除將帥官屬外於法官私無異

食貨志紹興二十九年初兩浙轉運司言莊田四萬二千餘畝歲收稻麥等四萬八千餘斛營田九十二萬六千餘畝歲收稻麥雜豆等十六萬七千餘斛充行在馬料及糴錢四月樁令出賣（卷一七三）營田之利害等於莊田而遠隔不若官莊也

買公田之議言[1]一千萬畝之田則歲有六七百萬斛之入（卷一七三）

17述 六郡回買公田起租滿石計價二百貫九斗計價一百八
十貫八斗計價一百六十貫七斗計價一百四十貫六斗計價
一百二十貫 17述 每畝私租自六斗至一石
大者五千畝以上以銀半分官告五分度牒二分會子二分半五
千畝以下以銀半分官告三分度牒二分會子三分半千畝以
下度牒會子各半五百畝至三百畝全以會子 17述 別多田計自
三百至五千畝以上也 其後每石官止給四十貫而半是告
牒
宋史瀛國公紀德祐元年八月己酉罷拘閱買把集慶寺貴貴把廟
福寺田業還業主所 四七述

宋史理宗紀景定四年二月丁巳置官田所以劉良貴為提領陳
訔為檢閱（四五上）六月詔平江江陰安吉嘉興常州鎮江六
郡已買公田三百五十餘萬畝今秋成在邇其荆湖江西諸道
仍舊和糴　丙寅詔以田議事劉良貴吳勢卿陳訔廖邦傑洎
六郡官遷秩有差　十月乙未詔撥緡錢百四十萬命浙西六
郡置公田莊（七上）
度宗紀咸淳四年六月詔罷浙西諸州公田莊官募民自耕輸租
租減什三毋私相易田業違者以違制論（四六上）　五年三
月己未詔浙西六郡公田設官督租有差（四六下）
瀛國公紀德祐元年三月庚申朔、、以公田給田主令率其租

户当六の七下

宋史賈似道傳：買公田以和糴，浙西田畝有值千緡者，似道均以四十緡買之，數稍多予銀絹，又多予度牒告身，吏又恣為操切，浙中大擾，有奉行不至者，提領劉良貴劾之，有司爭相迎合，務以買田多為功，皆繆以七八斗為石，其後田少與磽瘠虧租與佃人負租而逃者，率取償田主，六郡之民破家者多。包恢知平江，督買田至以肉刑從事（の七[illegible]）

楊戩之公田

宋史宦者楊戩傳：政和四年拜彰化軍節度使……歷鎮安清海鎮東
三鎮……有胥吏杜公才獻策於戩，立法索民田契，自甲之
乙，乙之丙，展轉究尋，至無可證，則度地所出，增立賦租，始於汝
州，浸淫於京東西、淮西北，括廢田、棄堰、荒山、退灘及大河淤流
之處，皆勒民主佃，額一定後，雖衝蕩回復不可減……一邑率
於常賦外增租錢至十餘萬緡，水旱蠲稅，此不得免，擢公才爲
觀察使。宣和三年戩死……而李彥繼之……置局汝州，臨
事愈劇，凡民有美田，使他人投牒告陳，皆指爲天荒，雖執印券
皆不省，魯山闔縣盡括爲公田，焚民故券，使田主輸租佃本業

訴州縣加感承殘死州千萬公田悉罷其二稅轉運使亦不得專責

除其均斂別為（承新以止）

食貨志：是時內外之費浸以不給，中官楊戩主後苑作，有言汝州

地可為稻田者，因用其言，置務掌之，號稻田務，復行於府畿，易

名公田。南暨襄唐，西及澠池，北踰大河，民田有溢於初券步畝

者，輒使輸公田錢。政和末，又置營繕所，亦為公田。久之，後苑

營繕所公田皆併於西城所，盡山東、河朔天荒逃田與河堤退灘

租稅舉入焉。皆內侍主其事，所括為田三萬四千三百餘頃，民

輸公田錢外，正稅不復輸（秋何止）　宣和初，御劍至京權耕

失職通租數廣，令轉運使察守令勤惰，聽李達於內侍省謝兩

此田天荒草田葑茭蕩湖濼退灘等地皆計籍召佃立租以供應奉置局命官有措置水利蓄田之名設使其且自措御多租

涞61

劉豫並取租稅

宋史食貨志賦稅七年紹興、、七月詔射總兩軍請佃官田輸租邦充輸正稅之外已田償之稅佃田請之租實不能并納劉豫書並取之至是乃從寬減（以上）

李全抑買民田收賦

宋史叛臣李全傳全降蒙古務與楊氏據楚州支邑民田皆以少價抑買之自收賦以贍軍（以上）

宋官公田

宋史高宗紀紹興二十九年七月己酉禁討路押買官田（卅七）

宋史食貨志大抵南渡後水田之利富於中原故水利大興而諸籍没田募民耕者皆仍私租舊額每失之重輸納之際公私事例迥殊私租額重而納輕承佃猶可公租額重而納重則佃不堪命州縣胥吏與倉庫百執事之人皆得爲侵漁之道於耕者也季世金人乍和乍戰戰則軍需浩繁和則歲幣重大國用常苦不繼於是因民苦官租之重命有司括賣官田以給用其初弛其力役以誘之其終不免於抑配此官田之弊也嘉定以後又有所謂安邊所田收其租以助歲幣至其將亡又限民名田

罢其限外所有，谓之公田，而议者以为和籴以纾民力，而其弊极多，其租尤重，宋亡遗患犹不息也。凡此官田之法，公田见於宋史卅汇其始末而考载於篇首，是略举焉（宋史一七三）。

[redacted]

金史高汝砺传：汝砺言：河南民地官田计数相半（卷一〇七）。又言河南租地计二十四万顷，岁征粟才一百五十六万有奇。食货志：租赋之制，官地输租，私田输税。租之制不传，大率分田之等为九而差次之（卷四七）。夏税亩取三合，秋税亩取五升，又纳秸一束，十五斤（卷四七）。租较税似略重。

官將佔籍民產□見宋史食貨志（卷一七三上）

宋史高宗紀紹興二十一年九月戊戌，朔，籍寺觀絕產以贍學。

二十二年三月丁巳，遣司農丞鍾世明詣福建路籍寺觀絕產

田宅入官，其後歲入錢三十四萬緡（卷卅）。食貨志：二十一年

以大理寺主簿丁仲京言，凡學田為勢家侵佃，命提學官覺

察，又命撥僧寺常住絕產以贍學，戶部議併撥無額庵院田，

詔可（卷一七三上）。

宋時之置莊

宋史佞幸傳朱勔籍其貲財田至三十萬畝（四七〇卷廿）又楊存中傳時乾道元興復田存中獻私田在楚州者三萬九千畝（三六七卷廿）李顯忠傳孝宗嗣位賜田百頃（三六七卷廿）韋永年及曹等賜田亦多

宋史食貨志天下墾田景德中丁謂著會計錄云總得一百八十六萬餘頃以是歲七百二十二萬餘戶計之是四戶耕田一頃繇是而知天下隱田多矣（一七三卷廿）林勳本政書欲使民一夫占田五十畝（一七三卷廿）紹興六年張浚奏改江淮屯田為營田凡官田逃田並拘籍以五頃為一莊募民承佃其法五家為保

共佃一莊、、、則給十畝為蔬圃也（孫批）

占田免役

宋史高宗紀紹興元年十二月詔官户名田過制者與民均科（卅六九上）

又紹興廿九年三月限命官子孫制田減父祖之半併其詭名寄產者撥外田畝同編户科役（卌一上）

又孝宗紀乾道四年九月限品官子孫名田（卌四九上）

又食貨志役法若夫品官之田則有限制死亡子孫減半蔭盡差役同編户 元注一品五十頃二品四十五頃三品四十頃四品三十五頃五品三十頃六品二十五頃七品二十頃八品十頃九品五頃（張六九上）

又孝宗紀淳熙七年十月丙辰詔限田太寬民役煩重其令處議

給舍同戶部長貳詳議以聞(四五頁)

宋史孝宗紀侍候可知巴州化城縣……有調兵原主存富人有不

占田籍內頃人田募至第藏責其祖可畏馳至官家發擇出

券歸其主(四五六頁)

元史仁宗紀延祐五年十月敕僧人除宋舊有及朝廷撥賜土田

免租稅餘田與民一體科徵(廿六頁)

又文宗紀天曆二年十二月詔諸僧寺田自金宋所有及累朝賜

予者悉除其租其有當輸租者仍免其役(四三頁)

宋史食貨志初政和品官限田一品百頃以差降殺至九品為十

頃(下略)限外之數並同編戶差科七年又詔用外官觀捨置田在

京不得過五十頃，在外不得過三十頃，不免科差徭役支移。雖

李御史許楓奏不行（二九三九）

宋史食貨志：紹興[redacted]六年上知平江府章誼言：民所苦者，催科無法，稅

役不均。緣宗臣寬阡陌相望，而多無稅之田，使下戶為之破産

乞委通判一員均平錢役（二九四〇）

元史食貨志：稅糧至元……二十八年……令江淮寺觀田，宋舊

有者免租，續置者輸稅……（九三四）

宋之職田。見宋史河渠志（九六）選（九七）係（分）

宋廣惠倉。初天下沒入戶絕田官鬻。勅諸路募人耕收租給郭内貧以提刑改司掌。後以充青苗本。見宋史食貨志（上六）

以上 淩宋之（於北）

地權

金猛安謀克户

金史章宗紀明昌五年八月，命樞密使宗浩、禮部尚書賈鉉佩金符行省山東等路括地（十下）。凡得地三十餘萬頃。見宗浩傳（九三 8下）

張九思檢括官田，凡地名類似者……不問民田契驗，一切籍之。見本傳（金史九十上）。有封國侍上書言民有冒占官地者，太子稱大王莊非私家所宜有，部委封國按覈之，封國遂之此地自異代已為民有，不可取也。賈益謙傳（8上）

宣宗南遷括地畀軍户。見高汝礪傳（一〇七上）

世宗時，因山東猛安謀克人訴所給地不可種藝，詔拘官田在民久佃者與之，乃使張九思拘籍。見高汝礪傳（一〇七上）

金史[illegible]傳泰和五年改順天軍節度使……到保州上書曰
比者括官田給軍既一定矣有告欲別給者輒從其告至今未
已名曰官田實取之民以予之奪彼與此徒啟爭端（略）
金史徒單公弼傳章宗時伐宋軍興有司請通租及牛頭稅粟
公弼奏軍士從戎民亦疲弊可緩徵以紓民難廷從之（下略）
金史[illegible]九思傳九思言屯田種者人爲逃徵償家貧輒棄屯種屯
地凡家貧不能徵償者止令本主以其地招佃收其租入估價
時徵償相當即以其地歸之臨洮尹完顏議亦請屯田貧人徵
償者田乞用九思議從之（下略）　章宗紀泰和四年九月
定屯田戶自種及租佃法（卷十二）本時不自種也

職田占田之多　以田為牧

金史李石傳先世仕遼為宰相高祖仙壽嘗脫遼主于萬於難遼

帝賜仙壽遼陽及湯池地千頃他物稱是（六六上）

金史按荅海傳宗雄次子　宗雄康宗子　世宗時從平州詔給平州官田二百

頃屋三百間宗[illegible]州官田一百頃（七三上）　納合椿年傳冒占

西南路官田八百餘頃大定中括檢田土百姓陳言官豪占據者

地多民不得耕種溫都思忠子長壽椿年子猛安參謀合等三

十餘家凡冒占三千餘頃詔椿年家除牛頭稅地各再給十頃其餘

盡付貧民種佃（八三上）　完顏匡傳承安中撥賜家口地土匡

乃自占濟南真定代州上腴田百姓舊業輒奪之及限外自取

上聞其事不以為罪援用為例遂吳泊等放圍場地辜重州在官閒田為之以向自占者萬還百姓九八下

金史食貨志田制大定十七年六月邢州男子趙迪簡言隨路不附籍官田及河灘地皆為豪強所占而貧民土瘠稅重乞遣官拘籍冒佃者定立租課復量減人户稅數庶得輕重均平詔付有司將行而止（同七北）納合椿年事亦見志在大定二十一年三月上曰〃〃又聞山西田亦多為權要所占有一家一口至三十頃者以致小民無田可耕徙居陰山之惡地何以自存其令占官地十頃以上者皆括籍入官將均賜貧民（同七北）

元史世祖紀中統四年八月敕京兆路給賜劉整第一區田二十

頃（五止）至元三年六月賜劉整畿内地五十頃（六止）八年九月
賜劉整鈔五百錠鄧州田五百頃（七止）
又二十八年十二月宣政院臣言[redacted]宋全太后瀛國公母子以
已為僧尼有地三百六十頃乞如例免徵其租從之（十六止）
元史文宗紀至順三年三月燕鐵木兒言平江松江澱山湖圩田
方五百頃有奇當入官糧七千七百石其總田者死則為人占
耕今臣願增糧為萬石入官令人佃種以所得餘米贍臣弟撒
敦從之（卌六止）[redacted]燕鐵木兒傳文宗即位封太平王錫之平
江官地五百頃（卌七止）　據本傳則賜龍慶州之流盃園池水
磑土田又賜平江松江江陰蘆場蕩山沙塗沙田等地　乃乞平

江松江圩田（附註）

元史順帝紀至正四年六月賜脫脫ノ松江田ヲ爲立松江等處稻田提領所（の一註）

元史特薛禪傳[illegible]阿不剌（特薛禪孫尚主）至大二年賜平江稻田一千五百頃（附註）

元史札八兒火者傳（大城）安肅取中請札八兒日汝引ヲ討ニ隨前所薦果汝爲己地（附註下）

又鎮海傳既破燕太祖命於城中環射四箭凡箭所至園池邸舍之處ヲ悉以賜之（附註下）

元史帖木兒不花傳鎮南王脫歡の子移鎮廬州順帝至元元年撥廬州饒州牧地一百頃賜之（附註）

撒吉思傳李璮平授山東

行省都督遷經略統軍二使兼益都路達魯花赤……統軍抄不花田遊獵廢稼民元帥野速答兒據民田爲牧地撒吉思隨東表聞有旨杖抄不花一百令野速答兒還其田（卷一三四）

和尚傳子千奴以東平大名諸路有諸王牧馬草地與民田相間互相侵冒有司視强弱爲予奪連歲爭訟不能定乃命……千奴治之其訟遂息（卷一三四）

程思廉傳成宗即位除河東山西廉訪使太原歲飼諸王駝馬一萬四千餘匹思廉請止飼千匹（卷一六三）

伯顏傳泰定三年遷河南行省平章政事寧府籍河南田五千頃以二千頃募市師衣糧八百頃助宿衛自取不及其半（卷[illegible]）

元史世祖紀至元二十五年四月，桑哥(?)言……屋(?)從之臣種地極(?)多，宜依軍站例除四頃之外驗畝徵租……從之（廿五外）

金史世宗紀大定二十六年三月癸巳，香山寺成，幸其寺，賜名大永安，給田二千畝，粟七千株，錢二萬貫（の外）

元史世祖紀中統二年八月，賜慶壽寺海雲寺陸地五百頃（四外）

蓋元凡賜僧寺動至百頃

元史仁宗紀延祐六年十月，中書省臣言，白雲宗總攝沈明仁強奪民田二萬頃……（卅六外）

元史泰定帝紀泰定四年九月，禁僧道買民田，違者坐罪，沒其直（四外）

元史文宗紀天曆二年九月……市故宋太后全氏田為大承天
護聖寺永業（卅三之上）至順元年三月命[redacted]市故瀛國公趙㬎田
為大龍翔集慶寺永業御史臺臣言不必予其直帝曰吾建寺
為子孫黎民計者取人田而不予直非朕志也（卅四之上）

又至順元年四月括益都般陽寧海閒田十六萬二千九十頃賜
大承天護聖寺為永業（卅四之上）
元史順帝紀至正七年十一月撥山東地土十六萬二千餘頃屬
大承天護聖寺（四十一之上）
金史哀宗紀正大六年十二月罷附京獵地百里聽民耕稼（十七之上）
田琢傳琢以貞祐末上書請盡力耕墾言官司圍收括荒

兼并亦藉其勢而核之，荒民如仁也，且見其付貴於圍牧討者

不少

元史文宗紀：至順元年十月，以宣忠扈衛親軍都萬戶營於大都

和市民田百三十餘頃賜之

元史背乃台傳：以撥牧馬草地，月騰供二羊

賜田地徵租

元史武宗紀至大二年六月，從皇太子言，禁諸賜田者馳驛徵租擾民（卅三22）

又仁宗紀皇慶二年四月，御史臺臣言：諸王駙馬寺觀臣僚土田每歲徵租，亦極爲擾民，請悉革其弊。制曰可（卅四10）

又延祐元年五月，禁諸王支屬徑取分地租賦擾民（卅五）

又文宗紀天曆二年十月，詔王公主官府寺觀撥賜田租，除魯國大長公主聽遣人徵收外，其餘悉輸於官，給鈔酬其直（卅三）

元史張珪傳：泰定元年六月，車駕在上都，先是帝以災異詔百官集議，珪乃與樞密院、御史臺、翰林、集賢兩院官極論當世得失

與左右司員外郎宋文瓚詣上都奏之其議曰……天下官田
歲入所以贍衛士給戍卒自至元三十一年以後累朝以是田
分賜諸王公主駙馬及百官宦者寺觀之屬遂令中書酬直海
漕虛耗國儲其受田之家各任土著姦吏為佃官催甲斗級巧
名多取又且驅迫郵傳徵求餼廩折辱州縣閉償逋負至倉之
日變鬻以歸官司交忿農民窘竄臣等議惟諸王公主駙馬寺
觀如所與公主桑哥剌吉及普安三寺之制輸之公廩計月直折
支以鈔令有司兼令輸之省部給之大都其所賜百官及宦者
之田悉拘還官著為令　張珪上

拘還賜田

元史成宗紀：大德九年十月，賜安南王陳益稷湖廣地五百頃。（廿一上）

仁宗紀：至大四年九月丙午，遙授湖廣平章、安南國王陳益稷入見，言：……有司拘臣所授田，就食無所。帝諭省臣曰：……受田以贍。（廿四上）

元史武宗紀：大德十一年十一月，賜太師月赤察兒江南田四十頃。時賜田者衆，遣官中書省爲言，有旨同赤察兒自世祖時積有勳勞，非歸人比，宜仍前賜所賜合百頃。……仍敕行省平章別不花領其歲入。（廿二下）

又至大二年九月，御史臺臣言：比者近幸爲人奏請賜江南田千

二百三十頃爲租五十萬石乞拘還官從之（冊三止）

元史順帝紀至正二年六月丙申命江浙撥賜僧道田還官徵糧以備軍儲（冊十止）

入官之地叢畧

元史武宗紀至大元年六月以沒入朱清張瑄田產隸中宮立江浙財賦總管府提舉司（卅二頁）　三年十一月以朱清子虎張瑄子文[redacted]龍往治海漕以所籍宅一區田百頃給之（卅三頁）

又順帝紀至元二年五月戊子詔以世祖所賜王積翁田八十頃畀其子都中初積翁奉使諭日本死於王事嘗受賜後收入官故復還之（卅九頁）待翻止

占官地轉租於民

金史世宗紀大定二十年十月壬午，上謂宰臣曰：「山後之地皆爲親王公主權勢之家所占，轉租於民」（七上）廿一年三月乙丑，詔山後冒占官地十頃以上者皆籍入官，均給貧民（八上）

食貨志田制：大定二十七年，隨處官豪之家多請占官地轉與他人種佃，規取課利，命有司拘刷見數，以與貧難無地者，每丁授五十畝，庶不失所，餘佃不盡者方許豪家驗丁租佃（四七上）

金史食貨志田制：凡官地，猛安謀克及貧民請射者，寬鄉一丁百畝，狹鄉十畝，中男半之（四七上）

詔減私租

元史成宗紀：至元三十一年十月，江浙行省言：陛下即位之初，詔蠲今歲田租十分之三。然江南與江北異，貧者佃富人之田，歲輸其租。今所蠲特及田主，其佃民輸租如故。……宜令佃民當輸田主者，亦如所蠲之數。從之（十八紙）

又大德八年正月，以災異故，詔……江南佃户私租太重，以十分為率，減二分，永為定例（廿一紙下）

又武宗紀：至大元年十一月，詔……紹興被災尤甚，今歲又旱，凡佃户止輸田主十分之四（廿二紙下）

又順帝紀：至正十四年，是歲，詔諭民間私租太重，以十分為率普減

減二分永爲定例（同上引）

元史盧世榮傳：以九事說世祖治天下……其七江南田主收佃客租深減之一分……世祖悉從之（錄上引）

元時之山澤

元史世祖紀中統二年五月，弛諸路山澤之禁（四上）

又（本紀）至元廿二年正月，民間買賣金銀、懷孟諸路竹貨、江淮以南江河魚利，皆弛其禁（十三上）事由盧世榮，見（[illegible]）

又廿四年十一月，弛太原保德河魚禁（十四上）

又十二月，免浙西魚課三千錠，聽民自漁（十四上）

又二十五年正月，敕弛遼陽漁（四）獵之禁，惟毋殺孕獸（十五上）

又二月，敕江淮勿捕天鵝，弛鹿濼禁（十五下）

又以杭州西湖為放生池（十五上）

又二十六年十月，以平灤、河間、保定等路饑，弛河泊之禁（十五下）

又閏十月，檀州饑民劉信成犯禁，詔釋之（十五）止

又十二月，伯顏遣使來言宋民之食，詔弛網罟使取魚自給（十五）止

又二十八年三月，杭州平江等五路饑，發粟振之，仍弛湖泊蒲魚之禁（十六）止

又振遼陽武平饑民，仍弛捕獵之禁（十六）止

又是月弛杭州西湖魚禁，聽民網罟（十六）止

又二十九年二月，禁杭州放鷹（十七）止

武宗紀 至大二年九月，以彰德饑，禁權豪畜鷹犬之家不得占據山場，聽民樵采（廿三）止

又二年七月，立河南打捕鷹坊魚課提舉司，秩正四品（卅三下）

仁宗立罷河南魚課提舉司（卅四上）

仁宗紀：皇慶二年七月，保定、真定、河間民流不止，命所在有司給

糧兩月，仍悉免今年差稅，被災地並弛山澤之禁，獵者毋入

其境（卅四下）

英宗紀：延祐七年二月，括民間係官山場、河泊、窯冶、廬舍（卅七上）

又：九月，禁五臺山樵採（卅七下）

又：至治元年十一月，以秦還同川首蒼同山場隸中政院（卅七下）

泰定帝紀：至治三年十二月，禁財山場湖泊之利（四九下）

文宗紀：至順元年十二月，詔宣忠扈衛親軍都萬戶府凡立營司

樵用所需山林川澤其多數悉供內膳計猶撤材生罷冊
之迹
凡採捕池沼河湖泊山場荒蕪或曰山澤之界之禁民宗得不
備録
地理志海子在皇城之北……之處民漁採無禁樹圍之蓮沼云云
八迹　事則化諸名禁矣
淮東淮西屯田打捕總管府　茲發淮海萬戶河泊提舉司所也
迹
歲課兄覲錢（見四川迹）
田獵有禁令見刑法志（程林迹）

元史余闕傳守安慶盜方據石蕩湖出兵平之全民不擾由是而稱曲沮也（禮三北）

明代加賦

明史武宗紀正德九年十二月甲寅建乾清宮加天下賦一百萬（甲六註）

又神宗紀萬曆二十七年閏月丙戌以倭平詔天下除東征加派田賦（甲六註）

又四十六年九月辛亥加天下田賦（甲一註）

四十七年十二月再加天下田賦（甲一註）

四十八年三月庚寅復加天下田賦（甲四註）

凡三次共增五百二十萬貫有奇

李汝華傳：云四十六年自貴州外畝派銀三釐五毫得餉二百萬四十八年畝復二釐為銀百

（明年復徵畝銀二釐）

二十葉（卅四上）徐銓傳の十八事。又銓疏言自軍興以來所司
創議加賦，畝於銀三釐，未幾至七釐，又未幾至九釐（卅五下）
則初中外爲三釐五毫也
莊烈帝紀崇禎三年十二月乙巳，翔於田賦充餉（卅三上）
此次於舊增五百二十萬之外，更增百六十五萬有奇，見畢自
嚴傳（卅三下）畝於三釐，見梁廷棟傳
（又）十二年六月己酉，抽練各鎮精兵，復加徵練餉（卅四上）
倪元璐傳崇禎十六年爲戶尚，自軍興以來，正供之外，有遼餉，有剿
（卅五）餉，有練餉，款目多，黠吏易爲奸，元璐請合爲一，帝報可（卅五）

的
吳梁廷棟付其三崇禎秋廷棟以兵食不足將加賦因言今日閭
左雖窮然不窮於遼餉也一歲中陰為加派者不知其數如朝
覲考滿行取推陞少者費五六千金合海內計之國家選一番
守令天下加派數百萬巡按查盤訪緝饋遺謝薦多者至二三
萬金合天下計之國家遣一番巡方天下加派百餘萬而曰民
窮於遼餉何也臣考九邊額設兵餉兵不過五十萬餉不過千
五百三十餘萬何憂不足故今日民窮之故惟在官貪使貪風
不除即不加派民愁苦自若使貪風一息即再加派民懽忻亦
自若疏入帝俞其言下戶部部議戶部尚書畢自嚴附廷棟意
即言今日之策無踰加賦請畝加九釐之外再增三釐於是[illegible]

都百六十五葉有奇寫訖

明官田

明史食貨志：明土田之制，凡二等：曰官田，曰民田。初官田皆宋元時入官田地，厥後有還官田、沒官田、斷入官田、學田、皇莊、牧馬草場、城壖苜蓿地、牲地、園陵墳地、公占隙地、諸王公主勳戚大臣內監寺觀賜乞莊田、百官職田、邊臣養廉田、軍民商屯田，通謂之官田，其餘為民田。（七七之五）

又 弘治……官田視民田得七之一。（七七之五）

又 給事中徐俊民言……官田[illegible]民佃種，畝入租三斗，或五六斗，或石以上者有之。（七八[illegible]）

又 屯田多為內監軍官占奪，法盡壞。（七七之廿下）

明史食貨志明时草場則多占奪民業(七七注)

明公田

明史太祖紀洪武十年十月辛酉賜百官公田（三下）

又二十五年八月甲戌給公侯歲祿歸賜田於官（三上）

明通鑑初上賜勳臣公侯丞相以下莊田多者百頃又賜諸武臣公田以其租入充祿而勳臣莊田家多倚勢不法至是始定祿由支給悉令歸其田於官（十卷） 案見明史食貨志（七七上）

元於江南官田

元史世祖紀至元二十一年十二月中書省臣言江南官田為權豪寺觀欺隱者多宜免其積年收入限以日期聽人首實踰限為人所告者徵以其半給告者從之(十三卷)

又二十三年七月甲中書省臣言以江南隸官之田多為強豪所據立營田總管府其所據田仍履畝計之(十四卷)

又成宗紀元貞二年七月括伯顏阿朮阿里海牙等所據江南田及權豪匿隱者令輸租(十九卷)

明時江南賦

明史公主傳太祖女壽春公主主為太祖所愛賜吳江縣田一百
二十餘頃皆上腴歲入八千石踰他主數倍　蓋十二畝八石
明史太祖紀洪武七年五月癸巳減蘇松嘉湖極重田租之半
近
又十三年三月壬辰減蘇松嘉湖重賦十之二三近
明通鑑初大師平吳久不下上怒蘇松嘉湖之民為張士誠守
乃籍諸豪族及富民田以為官田按私徵簿為稅額及楊憲為
司農卿又以浙西地膏腴增其賦畝加二倍時軍事方興未暇
減也已而覈四府之糧踰於浙江全省之額乃命更其通賦[illegible]

候數十萬而逋負不已壬辰始命減其額舊一畝科七斗五升至四斗四升者減十之二四斗三升至三斗六升者俱止徵三斗合得米共廿萬四千石有奇五升然較之他省猶爲極重之賦云（七帖）詳見明史食貨志（六社）

明史恭閔帝紀建文二年二月均江浙田賦詔曰國家有惟正之供江浙賦獨重而蘇松官田悉准私稅用懲一時豈可爲定則今悉與減免畝毋踰一斗蘇松人仍得官戶部（可參）

案周忱再以九載陞遷戶部尚書以江西人不得官戶部乃改工部（本傳）案當正統十二三蓋成祖時此法已廢倪元璐崇禎十六年……擢戶部尚書……祖制浙人不得官戶部元璐辭不許（本傳）（元璐傳）

食貨志載詔曰「江淛賦獨重而蘇松準私租起科特以懲一時頑民豈可爲定則以重困一方」（七八五）

又云「成祖盡革建文政淛西之賦復重」（七八五）

明史高翔附胡閏傳以建文時戮力兵事為成祖所族，諸給高氏產者皆加賦，曰令世世罵翔也（翔傳）

減蘇松稅以為周忱之，以宣德五年巡撫江南諸府，總督稅糧，迄景泰二年乃去，凡二十二年。其傳云初太祖平吳，盡籍其功臣子弟莊田入官，後惡富民豪并，坐罪沒入田產，皆謂之官田，按其家租籍征之，故蘇賦比他府獨重，官民田租共二百七十七萬石，而官田之租乃至二百六十二萬石，民不能堪，時宣宗屢下詔減官田租，忱乃與知府況鍾曲算累月，減至七十二萬餘石（況鍾傳云奏免七十餘萬石（鍾傳））他府以次減，民始少蘇（忱傳）

明史楊瓚傳，擢浙江右布政使……景泰二年瓚以湖嘉諸府官

田賦重該均之民田賦[redacted]輕比諸與原名精之田賦稍平（殷征）

孫原貞傳　時以兵部左侍郎鎮守浙江（張弘）

明史李秉傳　天順初……以督江南糧儲而江南蘇松賦額不均

陳泰為巡撫令民田五斗者以斗倍征官田重者無耗賦均而額

不虧秉至一守其法[redacted]（張征）

明史歐陽鐸傳　嘉靖……巡撫應天十府蘇松田不若杭嘉下者

畝五斗上者至二十倍鐸令賦最重者減耗米派輕齎最輕者

徵本色增耗米除輕重之賦乃均（穀三斤）

明史王儀傳　嘉靖……出為蘇州知府為稱國用軍儲所陷除

名儀去蘇州士民去之彩下乞留帝不許既而蔭叙知擾將蘇州

士民復言經下乞量衡再不都難於巡撫侯位以聞帝乃許之至則歎曰蘇賦爲天下什二而田額淆無可考何以定賦乃履畝丈之使新舊爲冊籍以八等定田賦以三律核識評像獲羅雜維均（霍傳）

明史趙豫附陳本深傳本擢常州同知、、周忱議減蘇松重糧本亦檢常州官田租請並減之（豫傳）

食貨志初太祖定天下官民田賦凡官田畝稅五升三合民田減二升重租田八升五合五勺沒官田一斗二升惟蘇松嘉湖怒其爲張士誠守乃籍諸豪族及富民田以爲官田按私租簿爲稅額而司農卿楊憲又以浙西地膏腴增其賦畝加二倍故浙

兩官民田視他方倍蓰，畝稅有二三石者，大抵蘇最重，嘉湖次

之，杭又次之。（七八註）

食貨志：宣德五年二月詔舊額官田租畝一斗至四斗者減十

之二，四斗一升至一石以上者減十之三，著為令。（七八註）

食貨志：周忱又令松江官田依民田起科，户部劾以變亂成法，宣宗

雖不罪，亦不能從。（七八註）

食貨志：正統元年令蘇松浙江等處官田準民田起科，秋糧四斗一

升至二石以上者減作三斗，二斗一升以上至四斗者減作二

斗，一斗一升至二斗減作一斗。（七八註）

元時每戶田畝數

元史世祖紀至元二十八年七月丁巳桑哥伏誅募民耕江南曠

土戶不過五頃官授之券俾爲永業三年後徵租（十六紀）

又成宗紀元貞元年十二月也速帶而之軍因李璮叛去山東其

元駐之地爲人所墾歲久成業爭訟不已令別以頃田荒田給

之正軍五頃餘丁二頃已滿者其不給（十八紀）

又泰定帝紀泰定三年正月以山東湖廣官田賜民耕人三頃

仍給牛具（卅紀）

又成宗紀大德元年正月給月兒魯匠戶田人百畝（十九紀）

又十二月從襄陽屯田合剌魯軍於南陽戶受田百五十畝給種

牛田貳千九畝上
又大德六年五月給發之陸軍地及五丁地一頃の丁地三頃三
丁地三頃共撥家地存[illegible]四十畝上

明時占田數

明史食貨志：太祖賜勳臣公侯丞相以下莊田多者百頃，親王莊田千頃（七七上）。穆宗從御史王廷瞻言，復定世次遞減之限：勳臣五世限田二百頃，戚畹七百頃至七十頃（上）。神宗時定勳戚莊田世次遞減法，視舊制稍寬（上）。

明史李善長傳：洪武四年以疾致仕，賜臨濠地若干頃，置守塚戶百五十，給佃戶千五百家（一二七上）。

明史林聰傳：景泰元年三月，以災異陳同官條上八事（時為吏科給事中）。

〃〃〃：又清侯石亨、指揮鄭倫自享厚祿，而多奪取田地，百戶唐興至一千二百餘頃，宜為限制（一七七上）。

明史周嘉謨傳迴擢雲南黔國公沐昌祚侵民田八千餘頃嘉謨

劾治之（卷二四一）

明史姦臣趙文華傳東南倭患棘文華請七事……蘇松常鎮民

田一夫過百畝者科其賦（卷三〇八）

明史錢士升附錢龍錫傳崇禎七年武生李進請指江南富戶報名輸

官行首實籍沒之法士升……疏言……其曰搢紳豪右之家

大者千百萬中者百十萬以萬計者不能枚舉居石知其所指

何地就江南論之富家數畝以對百計者什六七千計者什三

四萬計者千百中一二耳江南如此何況他省……（卷二五一）

明史漢讓傳建文中請限僧道田人毋過十畝餘以均給平民從

（永樂奪收）（[illegible]）

明史常寧傳：宣德六年，出山西巡按。御史何勤言大同屯田多爲豪右占據，令寧往按，得田數二千頃，盡還之軍（讀注）。

明史年富傳：遷陝西右參政。時英宗……謝遣府校占墾腴田至三四十頃，甘富奏每頃輸糧十二石（讀注）。

明史何泰傳：弘治……寇入永昌……詔泰往勘。泰奏鎮守太監傅惠、故總兵官周玉侵據屯田，巡撫馮續減扣軍餉，寇數入莫肯討禦……泰又言甘州膏腴地悉爲中官武臣所據，仍責軍稅，城外草湖資戍卒牧馬，今亦被占，請悉歸之軍，且推行於延寧二鎮。詔皆從之（秋注）。

明史徐問傳：田不滿百畝（秋注）。吳嶽傳：田不及百畝（秋注）。要

此卷所敘皆清節之臣史忘甚處以不隨百職為多也

賣買無禁○金史食貨志田制民田業各從其便賣買於人無禁但令隨地輸租而已（四七上）案此爲當地之私有制即所謂無制度也

護持田者○元史成宗紀大德六年帝諭臺臣曰朕聞江南富戶侵占民田以致貧者流離轉徙卿等嘗聞之否臺臣言曰富民多乞護持璽書依倚以欺貧民官府不能詰治宜悉追收爲便命即日行之（四七上）

屯田亦有租佃○金史章宗紀泰和四年九月壬申定屯田戶自種及租佃法（十二上）案此蓋指猛安謀克人

元史刑法志戶婚諸典賣田宅從有司給據立契買主賣主隨時
赴有司推收稅糧若買主賣主與有司官吏通同不即過割以今賣主
納稅者或分派別戶包納者或詭名但受錢之人減笞五十
七仍於買主名下驗元價追徵以半沒官半付告人首領官及
所掌吏對罪科役 〃四程三82

明每郡田籍の明通鑑嘉靖四十一年是春廷臣交章請福王之
國諭改明春已忽付旨莊田非の萬頃不可閣臣葉向高言〃
〃〃各直省田土〃多惟大郡方有の萬頃少者止一二萬頃〃
〃〃山七の註

明史食貨志洪武二十六年覈天下土田總八百五十萬七千六

百二十三頃，蓋腴瘠無棄土矣（七七注）。弘治十五年，天下土田止四百二十二萬八千五十八頃，官田視民田得七之一（注）。萬曆六年，帝用大學士張居正議，天下田畝通行丈量，限三載竣事……總計田數七百一萬三千九百七十六頃，視弘治時贏三百萬頃。然居正尚綜核，頗以溢額為功，有司爭改小弓以求田多，或掊克見田以充虛額……（注）。按此田數不如洪武之多也。

明史羅亨信傳：以左撫宣府、大同……十年，總……時遣官度二鎮軍田，一軍八十畝外，其徵稅五斗。亨信言：文皇帝時，詔邊軍盡力墾田，毋徵稅，陛下復申命之，令宜自如為將……（職注）。

元時禁受獻田

元史成宗紀大德元年十二月禁諸王駙馬并權豪毋奪民田其獻田者有刑（十九叶）

又二年正月禁諸王公主駙馬受諸人呈獻公私田地及擅招户者（十九叶）

又武宗紀至大元年七月皇子和世瑓請以懷孟府領提舉司の括河南歸德汝寧境內瀕河荒地約六萬餘頃歲收其租令河南省臣高興括其地中書省臣言：先是已為馬軍站戶耕者前括地擾及其民以有主之田俱為荒地所至騷動民為業等六百餘人詣控訴省追其膝蓋方議其罪至赦獲免今乃射

其地於皇子也……帝曰……其出自川田（[illegible]）

元史英宗紀延祐七年十二月，括勘崇祥院地，其冒以民地者給還

其冒以民地者給還其主（卷廿七）

又至治二年十二月，鐵木迭兒子宣政院使八思吉思坐受劉夔冒獻

田地伏誅，仍籍其家（卷廿八）

又傳孔孫傳：除大名路總管兼府尹……冒獻民田三百餘頃於

太后，即上章請宜遣使細民復之（卷一百七十）　來阿八赤傳：成宗初

又亞行傳：仁宗時，特拜河南行省右丞……先是，至大間，尚書省用

建言者冒獻河南官民地為無主，奏立田糧府，歲輸糧數百萬石，是

歲詔罷之，流獻建言之人於海外，命河南自今有復其業……有者並

請為抄出稿來給我至主張極[illegible][illegible][illegible]正 如詔遞（[illegible]）

莊田

宋方田之法有方帳有莊帳有甲帖有戶帖（宋史食貨志方田職
止）

宋史百官志工部屯田郎中員外郎掌屯田營田職田學田官莊
之政令及其租入……（職三冊）

金史高汝礪傳軍戶既遷將括地分授之……上初為未肯……
分遣官采耆老問之……將益隸戍卒之田二以頗便……從
而所遣官言民並稱比年以來租賦已重若更益之力實不
足不敢復佃官田願以給軍……汝礪奏……河南民地官田
計數相半又多全佃官田之家墳塋莊井俱在其中率皆貧民

一旦廢之何以自活……（頁9外）
（宋史宗室傳）善譽移潼川路提刑轉運判官……以羨資給諸郡
置莊民生子及鰥者俱給米（頁9外）　則其初為昌國[illegible]也
東時勸編户裒金買田以助婚娶喪葬（8外）亦莊也
（又）彥俟……知紹興府[redacted]……復鹿鳴禮置興賢莊以資
其費築捍海石塘亦置莊以備增築（頁10外）
（又）劉黻傳知慶元府創建濟民莊以濟士民之急資貢士春舉之
費備郡庠耆老緩急之需（四○頁7外）
宋史西蜀孟氏世家毋守素蜀亡入朝……籍其蜀中莊產茶園
以獻詔給錢三百萬以充其直（四七九頁9外）

宋史理宗紀景定元年十二月甲午朔詔第宅奉宸莊其隸外廷

助軍餉（可參證）

宋史黃疇若傳……買安丙莊……乞以官司房廊及沒官產の

李所收并侂胄等畝莊等一并拘樁（參下宋季莊田及攷）

明莊田見食貨志（七七頁上）　其累民之弊為收糧　弘治二年

戶部尚書李敏等以災異上言畿莊官校招集群小稱莊頭伴

當占地土斂財物汙婦女稍與分辯輒被誣奏官校執縛舉家

驚惶民心傷痛入骨災異所由生乞革去管莊之人付小民耕

種畝徵銀三分充各宮用度（七七下）　神宗時王府官及諸閹

丈地徵稅旁午於道扈養廝役廩食以萬計漁斂慘毒不忍言

舊態補民格殺莊佃所在騷然（叙）
案此均指初至
背承上文叙之
明史宦官劉瑾傳：武宗時奏置皇莊，漸增至三百餘所，畿内大擾。
（二百の九頁）
明史憲宗紀成化の年三月甲申，詔中外勢家毋得擅請田土（十
三頁）
（又）二十二年の月乙未，查畿内勳戚莊田（十の頁）
（又）孝宗紀弘治二年正月丁卯，收已故内臣田給百姓（十九頁）
（又）三年閏九月十月戊癸巳，禁宗室勳戚奏請田土及受人投獻（十
五頁）
（又）穆宗紀隆慶二年十二月丁酉，限勳戚莊田（廿九頁）

明史神宗紀萬曆七年六月辛卯戴兩畿山東陝西勳戚田賦（卅上）

又十九年十二月甲午詔定勳臣莊田（廿下）

又武宗[redacted]子[redacted]德莊五貝議同德初諸王府莊田畝徵銀三分歲

為常又議奏初年兗州莊田歲畝二十升獨清河一縣成化中

用御宋旻議歲畝五升者民對詔臣將無以自給（卅九上）

見嘉初國德州改濟南成化三年就藩請得齊漢二庶人所遺東

昌兗州百因及白雲景陽廣平三湖地寬宗米事之后請業由

臣湖以灌溉不許（卅九上）

世宗の子景恭王載圳嘉靖の卅年之國初載圳之藩多請莊田

部議給之荻州沙市不在該中，使責市祖知府孫學璞執不
與，乃取斷於淮陽之劉家塲，推官吳宗周持皆擅，遂其他土
田涉湖侵入共數萬頃，至今子孫……等語（附註）
穆宗四子潞簡王翊鏐，萬曆十七年之藩衛輝……翊鏐居藩多
請贍田、食鹽，無不應，故其後福藩遂緣為故事。明初親王歲祿
外，量給草場牧地，間有以廢壤河灘請者，不及千頃，部臣因
執奏不盡從也。景王就藩時，賜與概裁省，楚地曠，多閒田，詔悉
予之。景藩除，潞得以景故籍田多至四萬頃，部臣無以難，至福王
常洵之國，版籍更定，民力益絀，尺寸皆奪之民，海內騷然，論
者推原事始，頗以翊鏐為口實云（附註）

福王常洵神宗第三子 四十二年……然當……下詔賜莊
田四萬頃所司力爭常洵亦奏辭得減半中州腴土不足取山
東湖廣田益之又奏乞故大學士張居正所沒產及江都至太
平沿江荻洲雜稅並四川鹽井榷茶銀以自益伴讀承奉諸友
假履勘為名乘傳出入河南北齊楚間所至騷動騷上
明史李汝華傳 改戶部左侍郎尚書趙世卿去汝華署部事福
王莊田四萬頃詔旨嚴趣不許減汝華偕廷臣執爭僅減
四之一及王就國詔許自遣使督租所在騷擾內使閻時詣汝
州杖二人死汝華請遵親制藩有司代徵遣使帝不納計
明史郭惟賢傳萬曆二十年以右僉都御史巡撫湖廣景王封德

而土田清萬國絕種額糧存及占田數至之國術權悉以景
賦予至·奏請不及額帝為廣臨可以下侍者擬旨奏報推
資言累朝賦額皆籽佔於某時其數為王收散於館二葉
不平非復舊徒此處新至之檔而只如也且斷去權之草舊徵
之有可持證鄉府會典實右及萬曆友莊至笑觀減租民田令
寡擊山陵重佃民流云見本律篇例……帝乃根評飛駐
明史韋志神律浮山東右參政郭守蒼英稿至書田日南該叙田
二百萬畝謂山東濟嶺境跋之圖道中畧從進習山東賦較甚
性壽神抗疏……市古無君之二快為廣西念其錢述
明史鄒有祥傳世宗時為戶部尚書時秋五歲歉米糧豪農新定議

減五之四，莊定郡王以下總有差也（頁五上）。

明史劉煒傳：景泰五年，起督貴琰以易儲議得帝眷，奏乞鄭州武清縣地，煒等抗章（給事中）劾之，言琰本以稽留禁垂任，怙寵妄干乞地六七十頃，其無厭，請正其罪。帝宥琰，責户部宜其貪圖，累往劾之，遂奏案民產，户部再請究琰，帝卒宥焉也（頁九上）。

明史邱弘傳：授户科給事中……成化の年春，偕同官上言：洪武、永樂間以畿輔山東土曠人稀，詔流民耕種，永不科稅，近者權豪怙勢，指為閒田，朦朧奏乞，如嘉善長公主求文安諸地，西天佛子劄實巴求靜海縣地，多至數十百頃……帝納其言，詔自今請乞皆不許，著為令，劄實巴所乞地還之民也（頁十九上）。

明史李森傳：擢戶科給事中。憲宗時，論給事言：嘗先帝敕皇親侯伯軍民田地，毋敢擾奪，時遣一時貴戚莫敢犯。比給事中邱弘奏絕權貴請乞，陛下亦既俞允，乃外戚錦衣指揮周彧求武強、武邑田六百餘頃，翊聖夫人劉氏求通州、武清地三百餘頃，皆許之，何其與前敕悖也……帝善其言而又錮甘

仍不問（余略下）

明史劉遜傳附姜綰傳：劾蔣琮，使劉璟徵殖不得當，欽差偵被逮……

先是榮王乞辰州常德田二千頃，山場八百，及民舍市廛千餘所，遜與巡撫韓重持勿予，卒具擾患予之（下略）

明史劉健傳：正德元年二月，帝從尚書韓文言，議減皇莊，令有司

徵課而每莊仍留官校一二人校尉十人使等言……不肯（明[illegible]下）
明史韓文傳爲戶部尚書正德元年榮王乞霸州莊田索直請自
徵莊田租命今有司收之時樹都之保定巡撫王璟請革皇莊
建議從之帝命有議文請令巡撫官召民佃畝徵銀三分輸內
庫而奏撤中官召莊於大學士劉健等亦力言內臣管莊擾民
乃命留中官各一人校尉十人餘如文議（明[illegible]下）
明史周經傳爲戶部尚書弘治九年雍王祐橒乞衡州稅課司及衡陽
河泊所經言不可許帝納之命自今の方稅課王府不得請
（明[illegible]下）帝以崗寧謝地の百餘頃賜壽寧侯張鶴齡世家
人因侵民地又信且殺民至死……時王府勳戚莊田例畝徵

銀三分，獨鶴齡奏加徵二分，且概加之沙鹻地（食三41）

明史李敏傳：成化二十一年……召拜戶部尚書……當憲宗末，中官佞幸多賜莊田，既以罪黜，沒籍而歸之官，戚畹者猶存之，遂不以還民。敏請召佃，畝科銀三分，帝從之。他莊田如故。會京師大水，敏乃極陳其害，言今畿輔皇莊五，為地萬二千八百餘頃，勳戚中官莊三百三十有二，為地三萬三千一百餘頃。官校招無賴為莊頭，豪奪畜產，戕殺人，汙婦女，民心痛傷，災異所由生。皇莊始正統間，諸王未出閣，百地立莊，王之藩，地仍歸官。其後乃沿襲，普天之下，莫非王土，何必皇莊？請盡革莊戶，賦民耕，畝畧徵銀三分，充各宮用度，無皇莊之名，而有足用之效、至

權要莊田亦請撥佃户領之有司收其課租計[redacted]家領米……時
不許用（職下）
明史梁材傳嘉靖六年……戶部……尚書　侍郎王軏清勳戚
莊田言宜量等級爲限材奏成周班祿有土田祿由田出非常
祿外復有土田今勳戚祿已踰分而陳乞動千萬請申禁之自
封詔外量存三之一以供祀事帝並從之已錦衣額外侵據悉
還之民勳戚乃不敢妄請乞（職田下）致仕　初徽王守莊
者與佃人訟材請革守莊者令有司納租於王報可已王奏不便
帝又從之材已去侍郎唐胄守執初議帝大怒并責材令以右
侍郎致仕而奪胄俸下詔獄（職田下）

明史王禎傳 正統元年……明年入為户部右侍郎。錦衣衛有閑地，蕪不可耕，鄰民出租以為常。王振誣民趙貴等侵據，據往扶奪，還民地予之，貴等戍邊，民冤抑之（卷一八九）

明史范鏓傳 嘉靖二十年擢右副都御史巡撫寧夏……上疏言：邊將各有常祿，無給田之制。自武定侯郭勛奏以軍餘墾田，圍給將領，妻孥家人為莊，騷害殊大，宜給邊軍民任耕種，俾帶徵其請。（卷[illegible]）

明史徐階傳 景王病薨，階奏奪景府所占陂田數萬頃還之民，楚人大悅。（卷二一三）

明史王廷瞻傳 隆慶時言勳戚莊田太濫，請核初給時額，以田數

陝西必須從湖廣割荊州（荊州條）

明史衛承芳附張養蒙傳　福王乞蘆洲自江都抵太平南北千餘里

書遣內官徵課承芳抗疏爭不從（莊田）

明史[illegible]傳隆慶時出鎮陝西の鎮兵食……固原州海剌都之

地舊通松山為楚府牧地庫於楚府者寘為牧地莊塞下與寇

接壤王府收の五百金而耕兵寇穴耕者大宜斥賣以輕邊儲

（河南錢糧條）

明史[illegible]董陞儒傳也　接湖廣帝賜福王莊田責湖廣の千の万餘

頃陞儒以無所得田請歲輸銀代租不可諭七の上

明史外戚傳錢貴皇后父　英宗睿

貴—鍾—雄—欽—承宗　弘治二年

哲宗祖母高氏……讀書乃哲宗高曾伯世戴光昱之勳臣莊

田租稅皆有司代收，至是高氏乞自收，始命殿自收其租而[redacted]

某等莊所積租（三〇上）

宋史外戚傳韋淵，高宗母韋皇太后之父　淵　事　紹興三年奏[illegible]

〃〃事以太后而開[illegible]積財方權勢戚請乞莊田事獨自某乞

通州田六十二頃，而因已賜之（三〇〇上）。孝宗立，〃〃時奏所

賜莊田並舊其屋賬城已五百頃，又羽田共餘七百餘頃，詔

言以私財相易，部勸其人貪利無厭，執不許，孝宗竟許之（延上）

又吳鎮，寧宗純皇后父，鎮〃源　外戚例有賜田，〃〃源賜田初止二十

七頃，乃今共家物則之四五占奪民產至二千二百餘頃（三一）

逃民 佃民

明史外戚傳：陳萬言，皇后父。嘉靖三年，乞武清、東安地各千頃爲莊田……給事中張漢卿疏諫，帝竟以八百頃給之。（三〇〇卷）

明史佞幸傳：邵元節，龍虎山上清宮道士。世宗封爲真人，賜莊田三十頃，蠲其租。（三〇七卷）

明史忠義馬如蛟傳：出按四川。蜀中猾民常以他人田産投貴家，如蛟列上十事，所革其弊。（二九二卷）

習慣

南平紀引晉收率　凡民田課田夫五十畝

收租四斛絹三疋綿三斤

通典課田之上無外字

地傅

周官朝士凡屬責者。以其地傅而聽其辭。鄭司農云。謂訟地畔界者。田地町畔相比屬。故謂之屬責。以地傅而聽其辭。以其比畔爲證也。

義錄 廿九年六月二九

卅五年二月

上述此稿乃民 廿四年四月以前

一日六号校

宋安海字承平[redacted]之裔代世業以紳耕知
為茅〔罗田出身〕范仲淹之兼并最為人所稱
道，性限於一家也。宋安宗宗傳，兼善稱康
私積再建置判安，以義從費給田，頗置莊，武宗
子孫耕其償給粟，其別異先為國庫撥充本
時，勸編戶家仓，置田助濟費責，端莊中
纘紹也。序僕知紹興府，復為禮置田贍莊
以資其費，築堤捍海，石壩亦置莊以備增築，則

[redacted]

散傳。知學之府事。建議民議以增民之
知。設貢士考古之費。備郡庠書院優
急之需。其借藉以善政利備及稽查閱
程范仲淹之集於一家世異其繼至於利
割其[illegible]安多賢[illegible]時若使其遂前之實
滿壽藩之以長同庠郡及縣學之庠四專所對

[illegible]

[illegible]

[illegible]

[illegible]

[redacted]

古蒋了設藝所求無租㇆案五代史周太
祖紀廣順三年正月乙丑
詔諸道州府係屬戶部營田及租稅課

[illegible]

本小卷の[illegible]第一行[illegible]緒論

本卷只力行紛來

[illegible]

東魏高歡以民之[illegible]妻[illegible]蒼頭奴隷

封其降兵於府莊宅務籍軍權場務

西魏則隨莊戶——新[illegible]舊書（文[illegible]26—28）云

然則古田之所得者不兼勢力能役之[illegible]

矣[illegible]

400

清史稿徐元文傳：康熙時……掌管國子監祭酒……居國學之年……其所上體一等座……徐元文為祭酒，視儀嚴，貴族子弟不敢放肆，輒加撻責，威嚴懾之，後人不能及也（冊七廿四）。此又傳世笑柄之講角一事矣

甲

全國各省市縣土地局廿六・三・一起

一律改稱・地政局

田賦附加

廿二年中央規定總額不得逾正稅　正附并計不

得逾地價百分之一

省銀行各縣設立分行，代理縣庫，於地價稅收處所在地多設分店，務使人民只向徵收處弊取納稅憑單，親持稅單至銀行繳款，仿行海關徵稅制度，使稅款不經過徵收機關，則行之十年百年，亦必井然有序，毫無滋生弊竇之餘地，雖胥櫃書吏再生，亦莫可如何也矣。

案與縣冊既亡，惟有寄徵冊在胥吏手中，彼以爲至寶，因户名與業主姓名全非，得其手摺未由徵也。

畑

田賦徵銀元

浙江廿一年度按 銀每兩一元八角（上期） 米

每石三元三Δ（下期）

上期 の 紹月一日

下期 十 十二 十一月百

限 三 二 個月一次完納

田賦

……利

乙・保持議圖良規・查本縣完納忙漕・向章每圖分十庄・每庄有一現保。按年輪充。負催收之責・依限起底・不能延遲・如有短少。現保賠補・欠戶重懲・因此以前各鄉。對於漕糧賦稅絕少短收。均賴各庄議圖維繫不懈。法良制美・遠非他縣可及。民國十八年根據天然河流將舊三十六市鄉改劃爲十區以來。全縣鄉圖半被破碎。圖界割裂・舊制蕩然・舊有莊〻以圖破不相聯絡。對於糧漕完納不負責任・鄉鎮收費在辦理地方自治事業。督征事關財政・非本身職責。亦諉卸不加過問・加以全圖公產及津貼現保經費。均因圖界割裂發生問題。於是圖〻稅收・受莫大影響、三四年來・正附各稅・累積欠至百餘萬。

廿年武進陳縣長
呈縮小自治區域

光緒末劉坤一張之洞二次會奏變法事宜　查有漕之省屯田本為贍運軍而設各衛所守備千總本為徵屯餉押漕運而設今日無論折漕之省運漕皆係輪船民船運軍大無其人衛官一無所事而屯田屯餉弊竇尤多一衛所屬屯田有隔在別府州有跨在別省者衛官並不知其田在何處數有若干其冊皆在該衛數書吏之手至於荒熟豐歉更無影響可尋衛官但向書吏索取年例

田器

若大部分地皆當田不能不分者

於此時新大陸之發見哥大印耕地面二百五十

猶之可敬也

地權

荷望勤訊，[illegible]見訪子東海[illegible]陽与王[illegible]子

觀，故侍郎諸講及實陳⋯⋯講故日[illegible]

相晤，復訪卿，以手具告，因不[illegible]卿相

信知子黃若[illegible]日好不了了[illegible]⋯⋯一時之近接

風，似非何之事，因[illegible]具情可[illegible]則乎⋯⋯

年矣

[illegible]書二月五日餞別[illegible]五人　[illegible]大[illegible]

地權

「為田開阡陌」

二

史記秦本紀孝公十二年　始皇本紀所附一段昭襄王生十九年而立〻四年初為田開阡陌」

地權

近代地權不均

元時蒙古人占田　江南富有豪僧世祖至元廿年詔補其收租重於公稅數倍　寺院如仁宗延祐六年白雲宗攝沈明仁強奪民田二萬頃泰定四年禁僧道買民田　順帝至正七年以山東地十六萬二千餘頃屬大承天護聖寺　稅田世祖至元廿四年江西袁州路萍鄉縣每畝上等米六升　下米三升三合歲耗米三升五合尚有水腳稻藁等錢　元以寺田分賜諸王以重賦馬百吉及其寺觀此等人仍必侵民田或詐稱民投而官給之不後

清順治元年既入北京云道末計不可無以安置以無主荒田給

宗室駙馬公侯伯内監殷官無主莊園存廿畝給若干　壯人或其子弟典賣至
數目兵丁續來者仍當給地　令各府縣鄉村分明滿漢疆界
以所業盡仍收漢人熟田　旗人不得擅於交遊謀漢
人　各省駐防軍設馬廠料田即馬　牧有皇室户部又有宮内務府禮部工
部陵地　三宗室八旗駐防　除收漢人外又日漢人帶地投充之　又
只撥荒地使開墾　旗地禁典賣ゝゝ地由官收回　其後漸
則由莊戶有莊頭　仍留少標學地　宗室八旗之田亦有來
自投充者亦有典鬻賣　八旗莊田不禁租　嘉慶至一八
五三年而廢　官田有屯籍田牧地祭田學田　以賞義倉溝入
及無主之田亦官田也　屯田一八九八年廢

清川共田

軍在雍正三年以園安寺數處户百畝房屋場園十二畝半

多寡之兩書簡如六百耕　十餘年改為屯田

古步百為畝以步二百四十步三百六十周以八同四尺

田制

公田不廢遺

識本無民　財之所起　莫肯將服土地

田制

平均地權之計

禁止買賣　經若干時則重分配

回劄

希臘土地

未叢農時不誤 當叢乃分 明當大精人

所占乃不叢生 重分犯向題

田制

歐戰陸地分狀情形

近叢政治思想史二〇一頁

地租之性質

耕地相爭　沃土瘠土之差之利　皆爲地主

所得

土地公有之制之廢

非專政府助貴族中産階級使之

田制

土地私有之原

耕地早屬民族、後屬家族、家族初經之，家族然仍以使用為限

地權

地權不過財產案。地租使農業收入歸于(一)地方[illegible]資入於[illegible]

古代無所不得所自由產　大[illegible]地私有農業生產而一[illegible]寄如

佃租制度之害人。佃與一家之私租償之費為增加一度　土地

以上種稅一度亦延長自耕制度而農亦[illegible]向其買價多

地價漲本之罪過之窮[illegible]于重付地價之[illegible]窮地價增地價亦

[illegible]　說其實價由借貸則貸款者租佃之地者以其餘[illegible]亦[illegible]

誠化

土地國有首須權利於地方國有

窮蒸事程之謂。書一頃窮地大為之地自繳不一頃繳足小農

[illegible]力　以此力地為資轄　鄉[illegible]　其[illegible]人[illegible](一)[illegible]

不因發(二)貸款小農不剝削一　在黨中國也不可能不付租

中國之田租。(一)分租(二)數租(三)錢租　其力須要乃事達得

乃為顧工家相

借助地主催租。轉由租出收

二五減租。地租最高限度為收穫量百分之卅七·五

[redacted]

[redacted]地權

平均地權。(一)地價申報(二)照價納稅同時全要漲價歸公照價收地價

照國父(三)政府照價收買和把與無地農民

共損權稅與地租。因國民財富而增加

轉如此種資料。第一次詳録轉録者此以[redacted]移續一家勸也

田制

見稅十五○容齋隨筆董仲舒為武帝言……或耕豪民之田見稅十五之言，今吾鄉俗正如此，目為主客分。　方回續古今考

今民間耕主家田佃户，率中分

中小地主之興○農場縮小則中小地主易於存在，所謂大地主有之分散，小農場之所以容易分散到中小地主之手

[redacted]剝

莊園。大土地所有以莊園為單位生產由農奴 同時起而

農生產成崩潰封建制度之原動力

地權發遷。村落社會 農村社會學叢卅八 周園土地屬於村民全體共使

用有一定法則普通分為三部(一)村落所在(二)共耕地分成若干

區按丁男平均分配並耕作方法亦皆受村落會議家長所組

織支配(三)其餘共耕不盡分予皆可放牧 共同為封建社會

農村社會學叢卅八 地權本屬村民全體予以屬於互久之乃屬地主 由租佃制度恢復

人民私有 人民公有 或共人民以解放而農奴解放其土地人民皆

其對於利品分割以賞其功臣此為 Manor 邑 即采有之封田 L

Oll主 謂言封建制度租佃制與佃户務稼有田地者 [redacted] Lad

(二)地主

封建制度東西皆同，大意相似，英記載最詳。英倫本同步，於封建社會諾曼侵入（威廉）以土地人民賞分其下所部。建築網莫大，其時農村中心為領主之所居，附近農民居之。全部土地分兩，一屬主業（此中國之采地也），一畫成長條分給農民，大抵每十畝間の第一農ノ分有，在此又在彼，彼形間隔，既也。此誠不平，且不便耕作，一畝長不碼牢。

封建社會中人分三種：(一)主，(二)自由農民，(三)農奴，又分(甲)大農奴，(乙)小農奴。自由農奴向主租借農地，農奴則食於農地了了，而主給以耕種，負擔一種義務亦有之。自由農民納租，此則留一部分自用，外出貢獻，計年自屬於其主。中農權限甚重，時服役，此則無量限路服役，一日大致大農奴三日，小農奴所得地為種

小農奴　其後(一)自由農民增加少數存呂(二)至不常歸城堡適都市

(A)其勢力減(B)其因在都市收財收見金以代賦役乃財政為

而傭佃主

地主(三)農奴亦願出租金(四)人工日貴較市貴遂以　佃戶與地主

則契約關係矣

農村人口減少而為害。農業革命因農民穀草增加一人耕

數人之地去地而增用人自少　工商業以漸而為重心穀草

增漸年而增加需人多　此乃自然之趨經濟原動無益

也。農村社會　參第67

田制

禹貢賦分九等之故 求古錄禮說十三 禹貢九等賦解

溝洫備瀦不備旱 同上十四 井田考

曾孫來止乃與后世子借行籍田 陸刊書院 自課文一

田制

「古百步爲畮，漢時二百四十步爲畮，古千二百畝則得今五頃」漢書食貨志引鄧展（廿四之上注）

饒還田宅　漢書王章傳：「章死廷尉獄，妻子皆徙合浦。……商……補破白上還章妻子故郡。……時蕭育爲泰山太守，皆令贖還故田宅（七六注）

鄉田之界　漢書匡衡傳：「初，衡僮之樂安鄉，鄉本田提封三千一百頃，南以閩陌爲界。初元元年，郡圖誤以閩陌爲平陵陌。積十餘歲，衡封臨淮郡，遂封真平陵陌以爲界，多四百頃（八一上注）

地權

本國須說明附百畝合英畝與一畝一千零四方尺
英制門約中國蘇州之尺度

京滇周覽記

。苗族聚居之地，遍於湘西乾城·永綏·保靖·古丈·鳳凰·永順·大庸等七縣。漢馬援

征五溪蠻

即此。惟古之五溪蠻所聚，爲西溪·樠溪·武溪·辰溪·雄溪等處，皆溪水所出，時代變遷，漢人征服，今日之苗族即古之五蠻，所聚已退出沅江附近，而入山更深。上述七縣在清代苗亂之時，已爲根據，經七省大軍十餘萬人征服後，當時爲防苗人再起，乃設衛屯軍，擧苗族丁壯盡編入軍，額萬三千人，收苗疆土地盡歸之屯，有「寸土歸屯」之號。屯即

屯田之制

，乃收私田歸苗防屯務處，更由官租與苗。苗民所得資金在耕織，既奪其田，則生活仰之屯官，官授之田所得維均，輟耕則乏食，雖有梟傑，亦失憑藉，故數百年來安於故常。其制度行於生活簡單之苗族社會，當時頗受謳歌，創此制之某官，迄今猶被苗民祀爲最有靈異之神。今人詡爲社會主義極優良之

均田制度

，孰意乃滿清束縛叛逆之苛政。降至今日，立法之意盡失。司屯務者不計苗民生計，將田陸續售之漢人，漢人得田後，既不隸於屯務處，屯務處無向之徵賦權力。田在屯區，縣又無追令升科之法，乃成無租無賦之田，而屯租有一定預算，田雖售出，租則加於苗民肩上。年復一年，苗民乃感覺耕地日少，屯租日增之苦。故記者

抵長沙時

即聞苗民苦於負担，聚衆仇殺漢人，向屯務處請願「廢屯升科」，享受漢人一般待遇。記者以苗民之田既由屯務處租佃，則地之所有權在處，廢屯升科時產權移於佃苗，則佃苗是否備價購買，抑祇納升科之賦即將所佃之田永遠享有。據當局者談，清創寸土歸屯之制後，原採計口授田辦法，行之既久，官吏擅於分配，

祗計屯租

之收數，不計田在誰手，故苗民之田亦得視作私產，任意轉售，售賣之際，亦照收地值。今日之地主，其田胥屬已出代價而獲者，故要求廢屯升科與漢人享平等待遇。自聚衆請願發生慘劇後，已引起省當局注意。何鍵送本團出境後，即親赴乾城處治此事

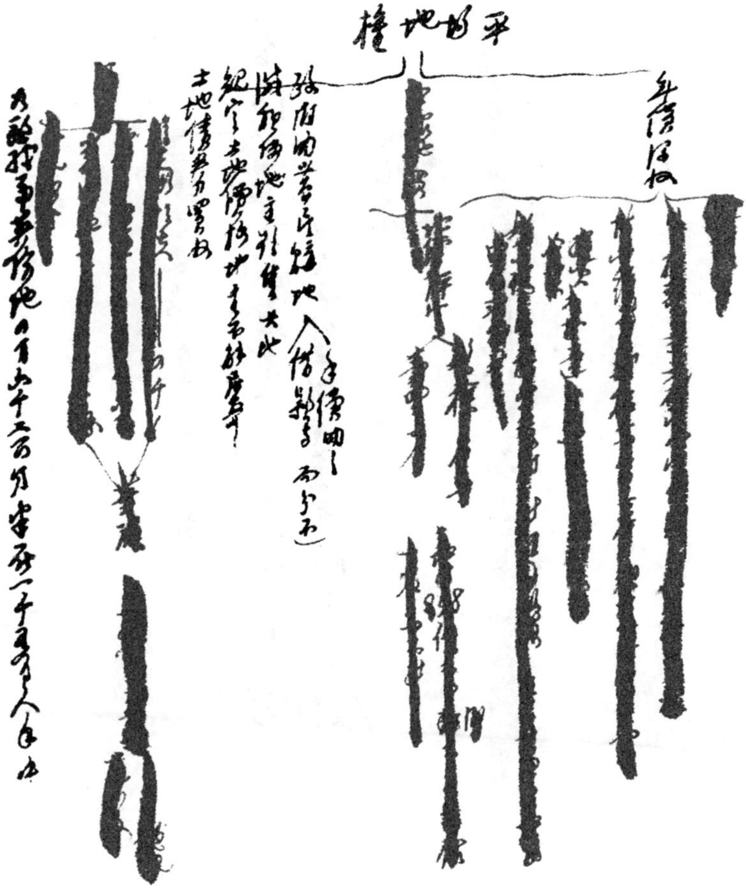
平埔地權

耕稼合作

[illegible]

[illegible]

十九世紀末俄國西方阿古村 Arteis

[illegible]

[illegible]

[illegible]

妻氏

三房—汪樟根
二房—若其林 尹建代
長房

東[illegible]佳[illegible]住宅[illegible]由[illegible][illegible][illegible][illegible][illegible][illegible][illegible][illegible][illegible][illegible][illegible][illegible]

南向[illegible][illegible]鄉尾也 批[illegible][illegible][illegible][illegible]

土地[illegible][illegible]八也 歸御地陽劃[illegible]—不用[illegible]

批准

[illegible]此[illegible][illegible][illegible][illegible][illegible][illegible][illegible]

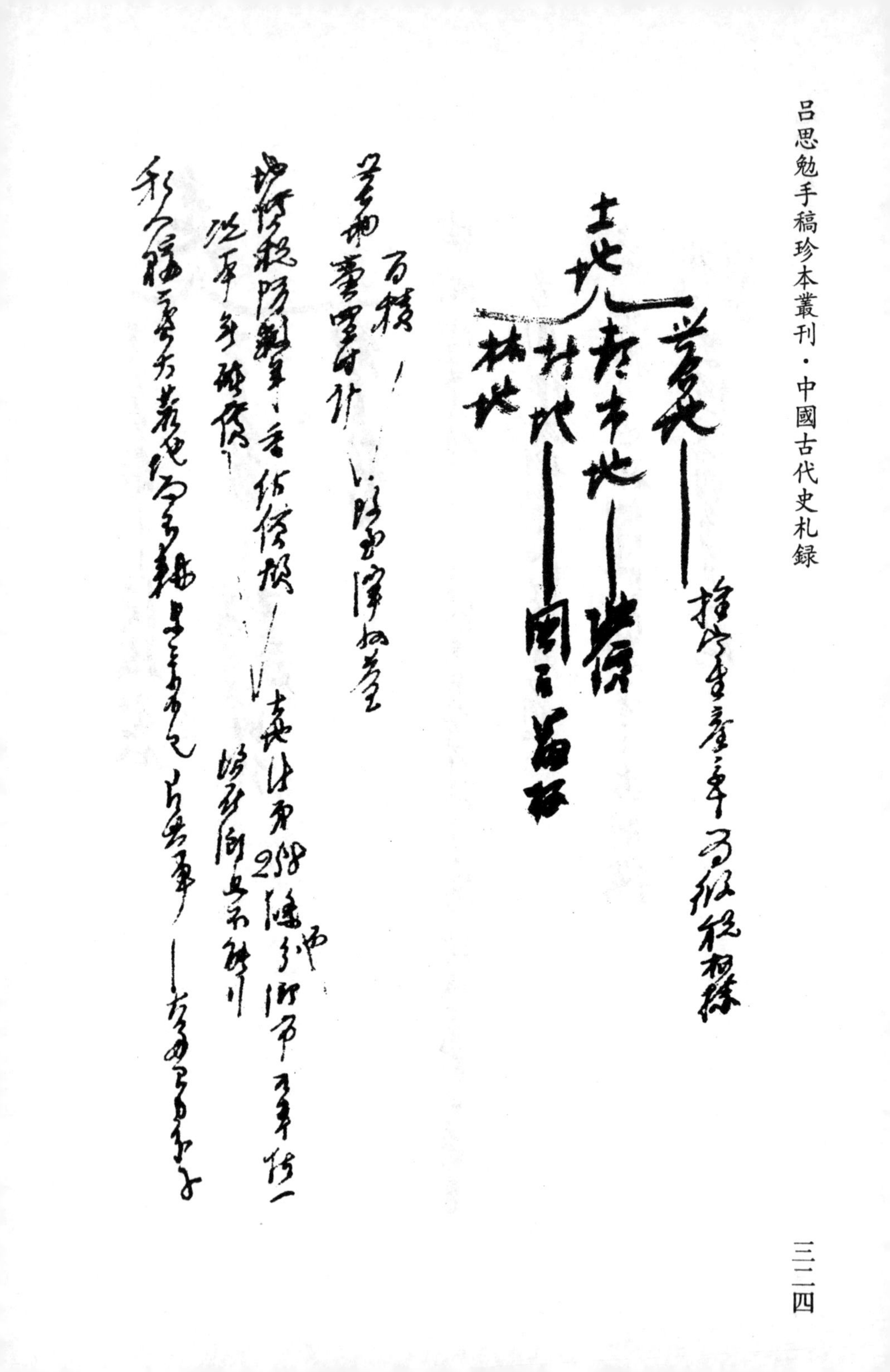

[illegible]

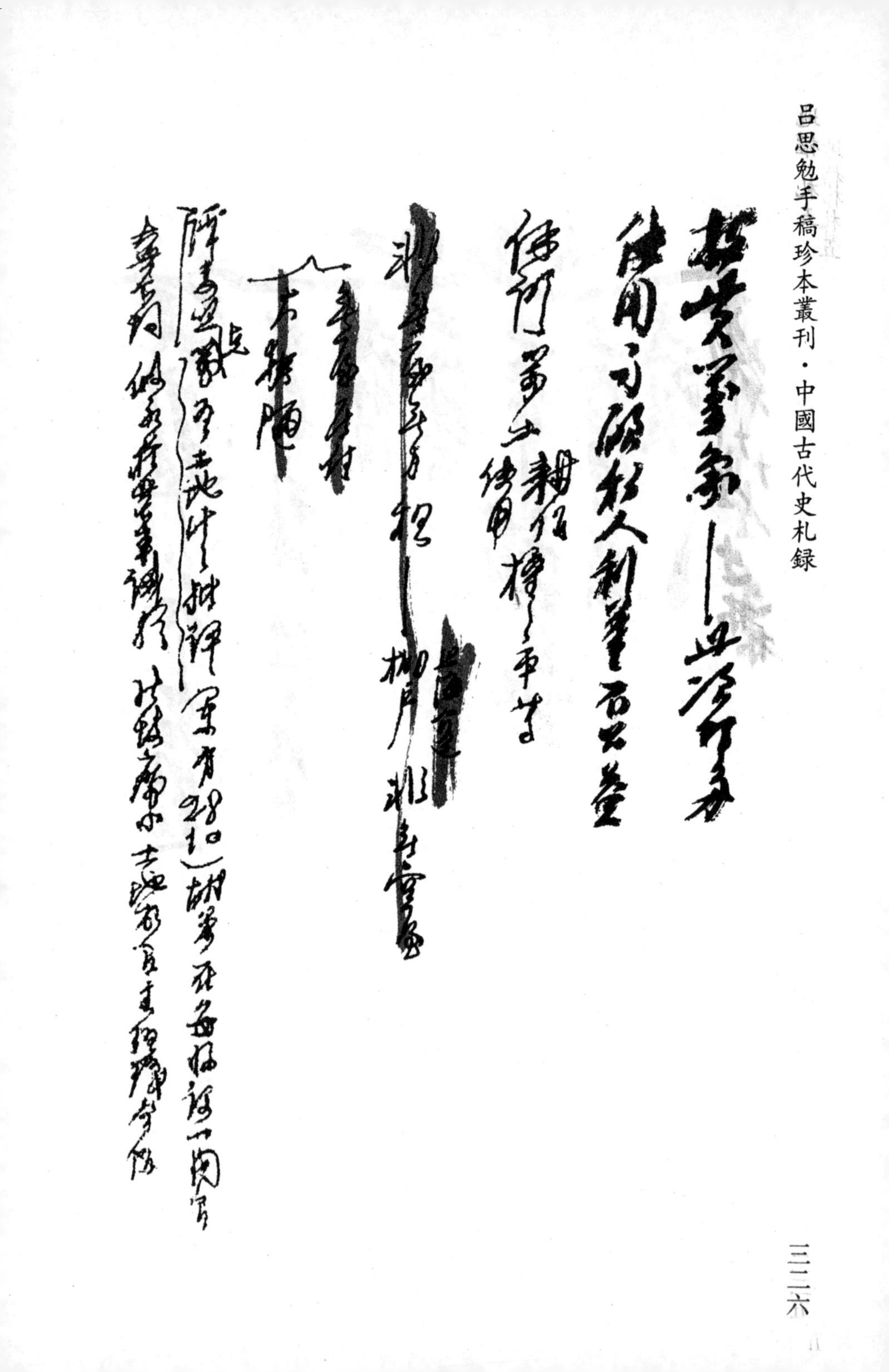

[illegible]

[illegible]

業隨業轉

從前土地經營者所得

納之業——所有

付之官

[illegible]

[illegible]

[illegible]

[illegible]

[illegible]

[illegible]

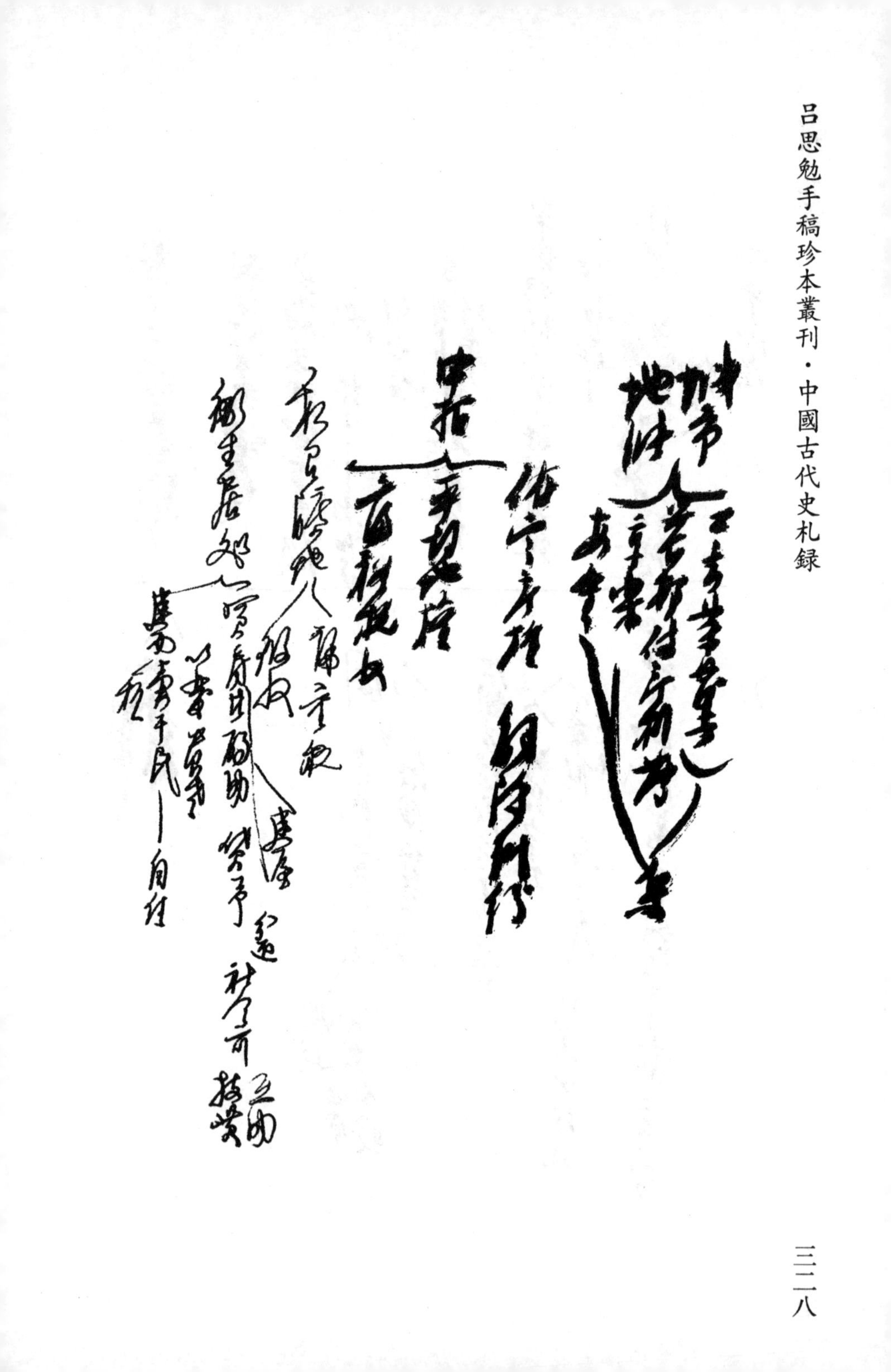

[illegible]

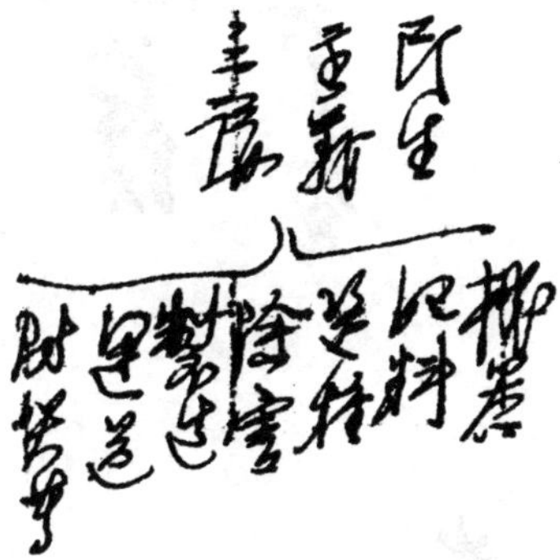

翳伯—田昌
田序
乙僚
印蓋

力微—實王傉
寔物—都山之如
伏都—叢序三子 至紀地丁
丕播
苦房—拓孝—拓能—定奴
拓龍—鍚紐

一、住佃

一、會存

一、出佃半年租

自耕若佃谷

一、領墾人〔共〕紀子人〔郁粒〕

大地主

一、連安山公李

吳修陛　鄒[illegible][illegible]〔[illegible]〕

都市化原於戰爭日亟，其[illegible]財[illegible]市之要

[illegible]多於[illegible]爭[illegible]相[illegible]

地[illegible]

田

漢印千古

漢食貨志注引鄧展古千二百畝則得今五頃

讀方通畝謂此由開阡陌也 卷廿

注

周世商鞅佐秦以爲地利不盡更以二百四十步爲
畝

唐書食貨志引杜佑之說　秋官律令以度田以步其闊
一步長二百四十步爲步謂古六尺爲步步百爲畝
畝二百四十步爲畝百畝爲頃
蓋戰國時商鞅古井制田百步爲畝民井田爲耕
唯漢二百(?)推之然其度量亦畧(?)制田二百
四十步爲一畝

[illegible]田籍一應[illegible]數加足全收數

限拾年取贖

批本契據[illegible]十三年八月 [illegible]

卌

耕為田及公侯制度

史學時事　訟爰本書封節

劃田

宋元明清案18—

[illegible]論冊田